# VIE

DU

# PRINCE PIERRE BONAPARTE

# VIE

## DU

# PRINCE PIERRE BONAPARTE

## (1815-1870)

ACCOMPAGNÉE DU

Récit complet et inédit des faits qui ont précédé et suivi

## L'ÉVÉNEMENT D'AUTEUIL

PAR

## JEAN DE LA ROCCA

RÉDACTEUR EN CHEF DE L'*Avenir de la Corse*

## PARIS

E. DENTU, LIBRAIRE-ÉDITEUR

17 ET 19, GALERIE D'ORLÉANS, PALAIS ROYAL

—

1870

# PROLOGUE ET ÉPILOGUE

DU

# DRAME DOULOUREUX D'AUTEUIL

—————

L'*Avenir de la Corse* fut fondé à Paris, en 1861,
dans le double but de défendre les intérêts moraux et
matériels de ce pays, si peu connu, si digne de l'être,
comme de mettre en relief sous les yeux de la France,
afin de l'en faire profiter, ses ressources forestières,
agricoles et minéralogiques. Nous nous étions aussi
imposé la mission de montrer sous leur véritable jour,
les mœurs, les coutumes et les fastes historiques de
cette glorieuse et vaillante contrée.

La tâche était ardue, mais en l'abordant avec résolution, nous avions confiance, moins dans notre propre

1

force que dans les sympathies et le concours dévoué de nos compatriotes, qui ne nous ont jamais fait défaut.

Fils de la Corse, notre premier devoir, que nous avons la conscience d'avoir constamment rempli, dans son intérêt bien entendu, était de tenir haut et ferme le drapeau napoléonien. Depuis neuf ans qu'elle existe, notre feuille a marché dans cette voie sans broncher d'un pas, sans reculer d'une semelle.

Nous devions être et nous avons été constamment sur la brèche pour signaler, repousser les attaques ridiculement odieuses d'écrivains aveuglés par l'esprit de parti. L'un d'eux publiait avant hier, dans la *Réforme*, le paragraphe que voici :

« Il faut en finir avec ces brigands corses qui, de-
« puis un siècle bientôt, ravagent la France, et après
« s'être élevés par l'assassinat, ne peuvent se maintenir
« que par l'assassinat. »

Autant de mots, autant de calomnies. Cette injure gratuite, jetée à la face d'un pays entier, d'un peuple dont la bravoure est d'une notoriété séculaire, qui a mêlé son sang à celui de la France sur tant de champs de bataille, est une fanfaronnade plus bouffonne encore qu'odieuse. Par un hasard que nous qualifierons de providentiel, cette insulte, dont le mépris public a déjà fait justice, atteint en plein visage un nombre heureusement très-restreint de nos compatriotes dont nous nous occuperons tout à l'heure. Telle est la seule récompense ou plutôt le premier châtiment de leur regrettable défection. Cette verte leçon devrait leur être profitable, mais nous avons grand'peur qu'ils ne restent dans l'impénitence finale, et ne s'exposent à de nouveaux déboires.

Quant à nous, à la face de l'univers et sans craindre un seul démenti, qu'on puisse prendre en considération, nous affirmons que la Corse porte les Napoléon dans son cœur, qu'elle tient à eux par des liens indissolubles, et regarde comme perdus ceux de ses enfants qui les outragent au lieu de faire, pour les défendre, cause commune avec elle.

Nous allons en peu de mots et sans passion faire l'historique et signaler les conséquences inévitables de cette funeste scission.

M. Louis Tommassi, avocat, ancien rédacteur en chef du *Progressif*, journal socialiste, conçut le projet de fonder à Bastia une feuille destinée à la propagation des doctrines dont il se prétendait l'apôtre. Il était parfaitement libre de manifester son opinion, et d'engager une polémique, plus ou moins véhémente, avec des adversaires; l'*Avenir de la Corse* aurait donné l'exemple à relever son défi. — N'était-il pas plus digne, plus loyal d'entrer dans l'arène par cette porte ouverte à tous les soldats de la presse, quelle que soit la couleur du drapeau sous lequel ils combattent, que de mendier la protection des chefs de la démagogie continentale en couvrant de boue la mémoire de Napoléon Ier, le grand capitaine, le profond législateur, qui, dans d'autres temps, avait arraché la France à ses griffes sanglantes.

L'émotion fut, dans notre île, grande et profonde. Les cris de réprobation partis des villes, des villages,

es vallées, des montagnes, traversèrent la Méditerranée, pour arriver à notre journal qui leur servit
d'écho fidèle dans l'article suivant :

## LES ENNEMIS DE NAPOLÉON.

Les membres d'une certaine coterie, qui se mon-
treraient logiques en s'étiquetant incorrigibles, saisis-
sent toutes les occasions d'attaquer Napoléon et de
dénigrer sa mémoire. Ils seraient fort empêchés de
citer des faits, d'exhiber des preuves, pour donner à
leurs diatribes seulement une ombre de vraisemblance.
A défaut de la réalité, ils se lancent, à phrases per-
dues, dans le champ des hypothèses. Leur verbiage,
encore plus incohérent qu'acerbe, rappelle une scène
extrèmement drôle de l'*Amour médecin* de Molière.
Après avoir défilé un chapelet de grueries et de bali-
vernes, dans un amphigouri baroque, le docteur appelé en consultation, finit par dire à Sganarelle stu-
péfait : « Voilà pourquoi votre fille et muette.»

Les détracteurs du général Bonaparte, — il n'y a
pas de pires sourds que ceux qui ne veulent pas entendre — ont toujours fermé les yeux à l'évidence. Ils
ne lui tiennent aucun compte de son énergie au 18 ven-
démiaire, au milieu des grondements de l'émeute,
qui menaçait de mettre Paris à sac et à sang; ni du
siége de Toulon d'où il chassa les Anglais, par ce point
important maître du littoral méditerraneen et d'une
partie de la Provence ; ni de la conquête de l'Egypte
que son intention était de traverser, pour aller frapper
la Grande-Bretagne au cœur de ses possessions de
l'Inde ; ni des campagnes d'Italie qui delivrèrent vingt
millions d'homme du joug des Autrichiens et rallu-
mèrent le phare de la liberté, pour eux éteint depuis
tant de siècles.

Les pamphlétaires en question sautent adroitement
ces premières pages des annales napoléoniennes,
pour arriver au 18 brumaire, qui est leur cheval de

bataille, leur argument suprême, leur *delenda Carthago*. Ils n'envisagent que le fait brutal, ne tiennent aucun compte des événements qui le changeaient en ancre de miséricorde, l'imposaient comme une véritable mesure de salut public.

Honneur donc au grand citoyen, qui fut le héros de ce grand acte !

Il a mérité de la patrie !

Le cadre de cette feuille est trop restreint pour que nous nous étendions sur cette époque, vulgarisée par M. Thiers et d'autres historiens, devant le talent desquels notre humble plume s'incline avec respect. Nous nous bornerons à relater ici une anecdote personnelle qui peint mieux d'un seul trait la situation de l'esprit public, dans ces temps de découragement, de doute et de tempête.

Ces jours derniers, je bouquinais le long des quais. cherchant quelques-uns de ces livres qui sont les merles blancs de la bibliographie, quand, vis-à-vis le palais Mazarin. j'avisai une brochure en lambeaux et les feuillets jaunis par l'usage. J'examine le titre que voici sous le millésime 1794 : *Notice anecdotique des prisons de Paris.* J'examine l'opuscule avec l'espoir d'y dénicher quelques historiettes inédites. En regard du titre précité, je rencontre une gravure très-grossièrement exécutée, mais dont l'ensemble et les détails m'ont paru curieux. Elle représentait un coin de la place de la Révolution couverte de pyramides de têtes coupées et se tirant la langue avec d'effroyables grimaces. Au-dessus de chaque groupe, on lisait en caractères écarlates les étiquettes suivantes : *Dantonistes, Hébertistes, Royalistes, Girondins*, etc. Pour compléter le tableau, la terrible machine se dressait menaçante au milieu des suppliciés. Samson, l'exécuteur des hautes œuvres, glissait sa tête sous la fatale lunette et, tirant le cordon qui ouvre les portes de l'éternité, cherchait, faute de clients, à se guillotiner lui-même. . . . . . . . . . . . . . . . . . . . .

L'intrigue, la simonie avait gangrené toutes les branches de l'administration ; les caisses étaient vides ; l'armée sans solde, ni vivres, ni souliers ; les factieux renouaient le fil rompu de leurs complots ; l'ennemi, reprenant courage, au Nord, au Midi, menaçait nos frontières, et le vaisseau de l'Etat s'en allait à la dérive. Il se serait indubitablement brisé contre les écueils à fleur d'eau de la côte, si un Corse, un intrépide capitaine, ne s'était élancé sur son bord. En consultant les journaux de l'époque, à part les pamphlets de libellistes intraitables, qui depuis la première révolution n'ont rien oublié, ni rien appris, on voit avec quel cordial enthousiasme le premier consul était accueilli, toutes les fois qu'il se montrait au peuple. .

. . . . . . . . . . . . . . . . . . . . . . .

Que les ennemis de Napoléon jettent au vent d'une polémique fantaisiste ces puérilités paradoxales, ils restent dans l'esprit de leur rôle. Sachant que c'était du temps perdu, nous n'aurions pas pris la peine de leur répondre, si à notre grande et douloureuse surprise nous n'avions vu passer dans leurs rangs quelques-uns de nos compatriotes. . . . . . . . . . .

Voici la réponse de M. Louis Tommassi, rédacteur de la *Revanche,* journal démocratique, publié à Bastia :

Hélas ! Pourquoi faut-il rappeler un jour de deuil pour la Patrie !

Devons-nous défendre nos pères d'une complicité dont ils ne se sont pas rendus coupables ?

Non, car on ne peut, sans injustice, faire peser sur eux la solidarité de l'attentat commis le 18 brumaire par Bonaparte.

Constatons plutôt que ce général n'avait reçu des Corses aucun mandat, et qu'il ne les représentait à aucun titre ; — constatons aussi que les élus de ce département, ses véritables représentants, bien loin de s'associer au coup d'Etat de brumaire, se sont montrés tous hostiles au dictateur.

Si le nob'e exemple de Barthélemy Aréna eût été suivi par les autres membres du Conseil des Cinq-Cents, que serait devenu le nouveau César ? l'aigle eût été écrasé dans l'œuf, et l'histoire eût tout au plus enregistré l'échec d'un ambitieux.

Le 16 novembre, la *Revanche* publia une autre diatribe d'une excessive virulence contre la famille Bonaparte et certains personnages de la Corse.

Notre réponse à cette nouvelle attaque ne se fit pas attendre, et, le 30 novembre, on put la lire, formulée dans l'*Avenir de la Corse* sous ce titre de : *Guerre de tirailleurs.*

En voici quelques extraits :

Voici les premiers sujets de la troupe comique, les futurs béliers des moutons de Panurge. En attendant que la postérité la plus reculée recule encore de surprise en prononçant leurs noms illustres, les voici tracés dans nos humbles colonnettes, à défaut de lettres d'or, avec l'encre de la Petite-Vertu :

MM. Louis Tommassi, Limperani, Farinole, Auguste Massoni, J.-B. Thiers, Mathieu, Ollagnier, Vannier Morelli, Lantieri, tous avocats, beaux diseurs, ayant le cœur bien placé, la langue bien pendue pour la défense du droit, de la justice, de la veuve et de l'orphelin.

Depuis longtemps, ces champions de la..... cause publique souffraient de leur impuissance, s'excitaient réciproquement dans l'ombre à démasquer leurs batteries pour foudroyer un corps d'armée respectable au moins par le nombre, puisqu'il se compose de la Corse à peu près tout entière. Nos gaillards ne connaissent pas d'obstacles, et Pierre Corneille leur a appris :

« Qu'à vaincre sans péril, on triomphe sans gloire. »

La colonne d'attaque se forme selon le règlement militaire, sur le centre, par division, et, au bruit des clairons, elle s'élance , menaçant de tout renverser sur son passage. Mais, ô déception! ô folles espérances! leurs premières armes, qui devaient avoir tant de retentissement, ne frappent que le vide. Ils sont atteints eux-mêmes en plaine poitrine par les traits du ridicule, accompagnés d'un immense éclat de rire.

Maître Petit-Jean et l'intimé des *Plaideurs* de Racine ne sont certes pas de cette force, et nos compatriotes auraient prouvé qu'ils manquaient *d'idées saines*, s'ils n'avaient accueilli la pittoresque faconde de ces honorables avocats par un joyeux hourrah!

Silence donc, messieurs, la parole est à Me Tommassi, très-crânement toqué :

« Et, parce que, rugit-il, les ambitieux vulgaires se
« sont élevés sur notre humiliation, parce qu'ils nous
« ont fait servir de marche-pied, parce qu'ils ont for-
« fait à la conscience, à l'honneur, parce qu'ils ont
« l'impudence de nous répéter que leur Empereur est
« un Corse.... »

Et puis ceci et puis cela et patati et patata...

Ne vous semble-t-il pas, ô lecteurs, entendre Démosthène ou Cicéron lancer sur Philippe et Catilina les foudres de leur éloquence du haut de la tribune aux harangues? Quel charme, quelle aménité dans la forme, quelle magnanime générosité dans le fond! Voilà un penseur qui voit les choses de haut, un écrivain qui va droit à son but, enjambant les circonlocutions, sautant par-dessus les périphrases et prenant aussi peu de souci des précautions oratoires qu'un poisson d'une rose.

Désormais, les insulaires lâches, stupides, *qui ont*

*l'impudence de répéter que leur empereur est Corse,*
n'ont qu'un moyen de réparer cette honteuse erreur,
de se débarbouiller d'une pareille infamie, c'est de
crier à pleins poumons : *A bas les Napoléon, vive l'a-*
*vocat Tommassi.*

Cet orateur leur en donne l'exemple et le signal par
ces mirifiques paroles :

« Il est temps que le crime triomphant descende du
« piédestal, sur lequel il est audacieusement monté,
« grâce à la terreur napoléonienne..... »

Loin d'imiter notre modération, la *Revanche* dans sa
réplique, invectiva de rechef la Corse en général, et
en particulier un des personnages les plus éminents,
les plus honorés de l'Empire, M. Conti, sénateur et
chef du cabinet de Napoléon III.

Suivent quelques extraits de cette philippique :

Nous craignions, en effet, que la conscience publique
n'eût été assoupie par les dix-huit années de despotisme qui ont pesé sur elle; nous croyions qu'il aurait
fallu plus de temps pour la réveiller.

Mais les résultats ont devancé nos prévisions et dé-
passé nos espérances.

La jeunesse, surtout la jeunesse ardente, convaincue,
décidée, nous tend les bras en s'écriant: « Nous voulons la liberté! — Les Corses ne sont pas nés pour
porter des chaînes! — La République est notre bien
inaliénable et imprescriptible, elle est le patrimoine
que nous ont transmis nos pères et que nous voulons
à notre tour transmettre à nos enfants : si l'usurpa-
teur ne veut pas nous la rendre, *per Dio Santo!*
nous la reprendrons! »

Mais ceux qui doivent diriger le parti, où sont-ils?
— Mais les chefs de la démocratie corse, qui sont-ils?

1.

— On a vu tant de défaillances, tant de volte-face, tant de trahisons!

Des directeurs, des chefs, le peuple saura en trouver parmi ses enfants.

Arrière les ambitieux !

Arrière ceux qui veulent faire fortune en spéculant sur la faveur populaire !

Désormais le mouvement doit être dirigé par les hommes qui préfèrent la théorie du devoir à celle du droit; nous ne devons accepter pour chefs que ceux qui sont prêts à se dévouer, ceux qui, au jour du danger, auront le courage de dire :

Si d'autres ont pensé et agi autrement; si la République de 1848 a été trahie, si elle a été vendue par les Judas à qui le peuple avait donné mission de la défendre, les enseignements du passé ne doivent-ils pas être mis à profit pour l'avenir ?

Suivent des récriminations politiques contre M. Conti.

L'*Avenir de la Corse* répondit le 10 décembre :

Vous êtes bien méchant, maître Tommassi, trop méchant, et, dans l'impétueuse ardeur de votre élan, vous dépassez le but. Oui, maître, vous vous repaissez d'étranges illusions, si vous croyez posséder les sympathies de cette jeunesse ardente, convaincue, décidée, dont vous parlez avec tant d'effusion, de tendresse et de charme. Au lieu d'accourir à votre appel et de vous tendre les bras, comme vous dites, elle a peut-être conçu des doutes sur la sincérité de vos convictions. Parmi *les Corses qui portent des chaînes* et les secouent avec rage, il en est d'assez sceptiques pour supposer que vos ressentiments contre M. Conti prennent leur source dans l'oubli, — peut-être involontaire, — de votre nom à l'époque de la distribution de ce gâteau d'or dont vous auriez croqué quelques bribes avec tant de plaisir.

Il y a même un très-grand nombre de nos compatriotes, — nous vous demandons leur grâce, qui ont l'audace d'approuver hautement la conduite digne, loyale, intelligente et patriotique du personnage que vous travestissez d'une façon très-bizarre, — attendez donc le carnaval, — en le coiffant du bonnet phrygien.

M. Conti, sachez-le bien, n'a jamais trahi, jamais ne trahira personne. Il s'est montré fidèle en toutes circonstances à son mandat de représentant de la Corse. C'est dans son intérêt primordial et bien entendu, qu'il s'est rangé au premier rang des amis des Bonaparte, et c'est avec la certitude de servir efficacement notre île, qu'il continue à leur donner des preuves de son inaltérable dévouement.

Nous voilà arrivés au 20 décembre, époque à laquelle j'ai publié dans l'*Avenir de la Corse* un article qui motiva la lettre du prince Pierre, et fut une des causes déplorablement fatales, le point de départ du douloureux événement d'Auteuil.

Plusieurs journaux, ordinairement mieux informés, ont prétendu que le prince soutenait dans nos colonnes une polémique ardente contre la rédaction de la *Revanche*. Leur erreur est complète sur ce point capital; s'ils prennent dans l'intérêt de la vérité la peine de parcourir ce livre entièrement consacré à sa manifestation, ils liront tout ce que notre correspondant a écrit, ni plus ni moins, sans que nous nous soyons permis d'y ajouter, ni d'en retrancher un seul mot. Ils acquerront, en outre, la certitude, qui a dans la cause une importance relative, que se renfermant dans les généralités, avec une reserve dont on aurait dû lui tenir compte, il ne cite nominalement aucun de nos adversaires; dans le louable dessein de mettre un terme au fâcheux débat que plus tard ils ont envenimé.

Voici notre article :

## INFLUENCE DE NAPOLÉON SUR LES DESTINÉES DE LA CORSE.

Nous nous posons aujourd'hui une question grave essentiellement vitale, avec l'espoir de la résoudre péremptoirement.

Que serait la Corse sans Napoléon ?

Derrière ce point d'interrogation se dressent des circonstances et des faits qui, tout en appartenant à l'histoire, n'en palpitent pas moins d'actualité.

Nous allons donc les examiner sans prévention, dans le but d'en tirer des conséquences profitables à la cause commune, c'est-à-dire à la pacification, au bien-être, au progrès de la Corse.

Avant d'entrer en matière, 'quelques prolégomènes nous paraissent indispensables, pour constater l'influence exercée par Napoléon sur les destinées de la Corse et la gloire dont il a entouré son berceau.

Après des luttes homériques, qui leur ont mérité la sympathique admiration de l'univers entier, nos braves ancêtres succombaient au champ de bataille de Ponte-Novo, sous le nombre et l'effort des soldats de la grande nation.

Bien que meurtrie, éperdue, notre île n'en levait pas moins la tête avec un noble orgueil, car jusque-là aucun peuple de l'Europe n'avait résisté à l'adversaire qui domptait enfin sa fierté indomptable. Il ne fallait rien moins que vingt bataillons aguerris, sentant bouillonner dans leurs veines le sang mêlé des Gaulois et des Francs, pour triompher d'une poignée de braves insulaires, commandés par des patriotes au cœur d'acier.

Il était écrit dans le livre des destins que ces deux peuples devaient un jour joindre leurs destinées, confondre leurs efforts et marcher vers un but commun, dans un intérêt réciproque.

La volonté de la Providence s'est accomplie. La fin du xviiie siècle a vu cette fusion aussi utile, aussi indispensable, — proportions gardées, — à la grandeur de la mère patrie, qu'à la prospérité de sa fille adoptive.

La France avait besoin de la Corse pour augmenter le nombre des patriotes dévoués, et gagner des cœurs ardents, intrépides, fidèles, dont l'association devait parachever son œuvre gigantesque.

Notre île lui était, comme point stratégique, d'une nécessité absolue. Du haut de ses caps et de ses promontoires, elle pouvait surveiller, protéger ses côtes, rayonner sur la Méditerranée et dominer cette mer, dont les flots baignent de toutes parts ses limites et les frontières maritimes des nations voisines.

N'était-il pas temps aussi qu'après toutes ces alternatives de souffrance, de gloire, de déclarations de guerre, de traités de paix, de haines, de réconciliations, de misères et d'espérances, la Corse s'arrêtât enfin pour respirer un peu ?

Son heure allait sonner à l'horloge des siècles. Elle était sur le point de devenir un des membres de la grande famille française, qui, par les armes, les lettres et les arts, jetait tant d'éclat sur le reste du monde.

Notre patrie bien-aimée a reçu la récompense réservée par l'avenir à ses longues et douloureuses épreuves. Elle est française et pour toujours.

Cet amalgame d'intérêts matériels, cette fusion intime d'aspiration ne pouvaient se réaliser sans déchirements, sans secousses, sans froisser une foule d'ambitions, de convoitises et susceptibilités de toute sorte.

L'alliance ne serait peut-être même pas encore accomplie, à l'heure où nous écrivons ces lignes, sans l'évidente intervention de cette puissance mystérieuse que les croyants nomment la Providence.

Si ce n'est elle, qui donc a suscité l'enfant sublime, l'homme prédestiné à servir aux deux peuples d'indestructible trait d'union?

Ce précieux espoir de l'avenir était encore dans le sein de sa mère, quand, au mois de mai 1769, les Corses tentaient, pour le maintien de leur indépendance, une suprême épreuve. La femme forte, dévouée, qui plus tard devait être saluée du titre de la Mère des rois, fuyait à travers les bois et les montagnes, pour échapper à ceux qu'elle considérait alors comme des ennemis de la terre natale, et qui devaient plus tard lui être chers à tant de titres.

Le premier devoir d'un citoyen n'est-il pas de rendre hommage à la mémoire de ceux de ses ancêtres qui ont bien mérité de la patrie? S'il les insulte, s'il les calomnie, au contraire, il irrite et révolte la conscience publique.

Les rédacteurs de la *Revanche*, de Bastia, n'en sont pas sans doute à leur premier repentir d'être entrés dans cette triste voie, et ils sont, à notre sentiment, beaucoup plus à plaindre qu'à condamner. Quels ont été, en effet, pour eux les résultats de leur incartade? La plupart de leurs compatriotes se détournent d'eux avec une expression de douleur, de réprobation, qu'ils ne peuvent méconnaître, et leurs amis eux-mêmes ne les abordent désormais qu'avec un certain embarras. Ils ne seraient pas fourvoyés dans cette impasse, s'ils avaient pris la peine de se souvenir que la Corse est tellement identifiée à Napoléon, qu'ils ont pour ainsi dire le même corps, la même âme, et qu'on ne peut l'attaquer sans la frapper cruellement elle-même.

Notre île ne devrait répondre que par son dédain aux extravagances de quelques-uns de ses fils égarés; et cependant elle s'inquiète, malgré leur infimité; et cependant elle se sent saisie d'un indicible effroi, en pensant au sort qui lui serait réservé, si, par un funeste événement que rien ne fait prévoir, la puissance des Napoléon succombait sous l'effort des ennemis coalisés contre elle. Nous pouvons d'avance tirer son horoscope, sans crainte d'être démentis par des événements.

Dès l'instant où elle serait privée de l'appui des Bonaparte, la Corse, déjà tant calomniée, le serait mille fois davantage. On lui reprocherait sans trève et sans miséricorde, comme des faveurs reçues, les déceptions qu'elle a si souvent supportées. On nous reprocherait d'avoir aimé les membres de la famille impériale, et notre dévouement pour eux ferait méconnaître même les services rendus à la chose publique.

En agissant de la sorte, la mère patrie agirait, sans doute, comme une marâtre injuste et imprévoyante. Mais qu'importent les véritables intérêts de la France et même de notre chère Corse, à ces brouillons, à ces étourneaux, prêts à tout sacrifier à leur besoin de dominer, d'humilier leurs adversaires, à ces égoïstes qui, suivant la pittoresque expression de Larochefoucauld, brûleraient une maison pour se faire cuire un œuf!

Notre île serait considérée comme un incessant foyer de Bonapartisme, et si les puissants du jour ne la mettaient pas aux fers, on l'accablerait de tant de sarcasmes, d'humiliations et de déboires, qu'elle en reviendrait à regretter les temps qui ne sont plus.

Si ces considérations ne touchent pas les rédacteurs de la *Revanche*, c'est qu'ils n'ont rien sous la mamelle gauche; c'est qu'ils feignent de ne pas comprendre que la Corse et les Bonaparte sont. — nous le répétons encore, — si étroitement unis que la mort seule pourrait les séparer.

Mais supposons qu'ils atteignent leur but. Qu'en arriverait-il?

L'humiliation, le malheur de la Corse seraient les résultats immédiats de leur triomphe; et, s'ils échappaient aux remords, ils n'éviteraient pas les justes ressentiments de leurs compatriotes et le blâme sévère de la postérité.

On montre encore en Palestine le champ au bord duquel s'est pendu Judas Iscariote, après l'avoir payé trente deniers, prix du sang de son bienfaiteur.

De son sein palpitant d'émotions viriles, Napoléon sortit trois mois après. Cet événement fut le pronostic et l'aurore du pacte d'alliance, dont nous recueillons aujourd'hui les inappréciables avantages.

La tâche réservée à cet autre Messie était providentielle à un triple point de vue. Appelé à rendre sa patrie glorieuse et prospère, il devait, après avoir fait de la France la reine des nations, rester le promoteur des grandes choses, l'apôtre des grandes idées, qui, en l'affranchissant du joug de l'ignorance et des préjugés, illuminent le monde. Aveugles ou de mauvaise foi sont ceux qui nient ces vérités, que confirment l'histoire et l'expérience ! Ils ont beau dire et beau faire, ils n'empêcheront pas que cet homme extraordinaire soit né en Corse, et ils ont malgré eux l'honneur d'être ses compatriotes !

N'est-ce pas lui qui a appelé l'attention de l'univers entier sur cette Corse, si riche en héros et comblée par la nature de ses dons les plus précieux ? Oui, c'est de ce petit coin de terre qu'a surgi, que s'est élancé Napoléon pour dominer le monde ! Oui, il est encore, il est à jamais couvert des rayons de sa renommée, illuminé des reflets de sa gloire !

Et c'est ce phare allumé par Dieu pour servir de guide à l'humanité que des pygmées voudraient éteindre ; c'est ce monument d'airain qu'ils cherchent à égratigner de leurs plumes impies !

Oui, Napoléon a, dans l'ordre moral, rendu la Corse grande; plus grande que jamais elle ne l'avait été, et c'est à lui encore qu'elle devra son entière émancipation. L'ombre d'un doute à cet égard n'est pas même permis.

Pourquoi faut-il, hélas ! qu'il y ait en Corse des écrivains qui, aveuglés par un orgueil que rien ne justifie, jettent à cette grande figure historique de la boue et des invectives ? Il y a dans un pareil acte une audace insensée et une ingratitude monstrueuse !

Le lendemain de cette publication, le dimanche 21 décembre, je me rendis de bonne heure à Auteuil chez le prince Pierre-Napoléon qui me fit l'honneur de me retenir à déjeuner. Pendant le repas, nous devisâmes beaucoup de la Corse, un peu de l'Empereur, de sa famille, de son entourage et de la situation des esprits. Mon amphytrion s'affligeait, en les blâmant, des violences de la presse et de la mauvaise foi des irréconciliables ennemis de l'ancien et du nouvel empire, qui ne savaient aucun gré des services rendus, à la France et au progrès, par les deux Napoléon.

— J'ai donné, s'écria-t-il, en maintes circonstances, des preuves de mon libéralisme... Eh bien ! les exagérations du *Rappel,* du *Réveil* et de la *Marseillaise* finiraient par me faire perdre confiance dans la liberté de la presse, si je n'en reconnaissais, au temps où nous vivons, l'impérieux besoin.

Puis, revenant à la Corse, il ajouta :

« — Mais savez-vous que ce qui se passe maintenant en Corse me paraît assez grave.

« — Je vous affirme, monseigneur, m'empressai-je de répondre, que les ennemis de votre famille n'ont dans notre île ni influence ni crédit.

« — Je le crois comme vous. Je crains seulement que les abonnés continentaux de la *Revanche* ne prennent, en la lisant, une fausse idée des sentiments politiques de nos compatriotes.

« — Cette feuille a éveillé si peu de sympathies que sa propagande n'est pas à redouter.

« — Puissiez-vous dire vrai !

« — Avez-vous, monseigneur, jeté un coup d'œil sur mon article d'hier ?

« — Je l'ai lu, et je l'approuve d'un bout à l'autre... Tenez, j'ai même envie de vous en témoigner ma satisfaction par une lettre écrite en dialecte corse.

« — Excellente idée, monseigneur.

« — Nos bons bergers riront un peu, et verront que je ne les oublie pas.

« — Et à quand la lettre ?

« — Nous verrons cela,» fit avec un cordial sourire, et en me serrant la main, le prince dont je pris congé pour rentrer à Paris.

Je reçus la lettre suivante qui, le 30 décembre, fut insérée dans l'*Avenir de la Corse*.

Paris, le 22 décembre 1869.

Mon cher Monsieur de la Rocca,

Vous me demandez mon appréciation sur votre article intitulé : *Influence de Napoléon sur les destinées de la Corse.* Voici :

D'autres pays avaient résisté avec succès à la France. Malplaquet et Rosbach l'attestent; mais aucun ennemi de la grande nation ne l'avait combattue avec plus d'héroïsme que nos montagnards, malgré leur écrasante infériorité numérique.

On ne peut établir un parallèle entre la puissante région française et notre île. La vérité serait de dire que la France a absorbé la Corse.

Quant à l'avenir politique de celle-ci, je pense qu'il dépendra du rôle que les Français joueront désormais dans le monde. Je n'hésite pas à prévoir que si, comme d'autres peuples arrivés à un apogée de grandeur, la France restait au-dessous d'elle-même ; si elle répudiait les saines traditions napoléoniennes ; si, dominée par tel ou tel parti, uniquement préoccupé d'opprimer ses adversaires, elle se faisait la complaisante de l'étranger ; surtout, si par l'extension d'utopies écœurantes, elle perdait son prestige chevaleresque, son esprit militaire ; si elle désorganisait l'armée ; si elle oubliait la sagesse dans la pratique des libertés, lorsqu'elles seront de saison ; — alors, j'en suis convaincu, la Corse, à moins d'être dégénérée, saura parler de sécession, en faveur d'une nation voisine, pourvu que celle-ci, à son tour, soit digne d'une telle préférence.

Je crois, comme vous, à la solidarité de la Corse et de ma famille. Je me fais difficilement à l'idée qu'un divorce entre eux puisse jamais être complet. Le gouvernement de Juillet, surtout le brave et regrettable duc d'Orléans, a fait quelque chose pour notre département ; le second Empire ne l'a pas délaissé non plus, bien qu'à mon avis, il ait plus fait pour les Corses que pour la Corse ; — mais les avantages matériels, avec un caractère comme le nôtre, s'effaceront toujours devant un sentiment si bien exprimé par un pauvre et noble chevrier, à qui Auguste Blanqui demandait pourquoi il aimait Napoléon : *ci ha fatto onore !* répondit fièrement le digne descendant de Sampiero et du vainqueur de Calenzana,

Oui, faites le tour du monde, et partout vous percevrez le reflet que le nom du grand Corse projette sur son berceau.

Dans ma première jeunesse, j'ai parcouru des contrées sauvages, où l'on possédait à peine quelques notions élémentaires de géographie. Quand je parlais de l'Italie, on s'écriait : *suena muy lejo* (1). Eh bien ! la Corse, chacun la connaissait : *la patria de Napoléon !*

Un général présenta à l'alcade d'une commune indienne un jeune officier d'origine corse, et lui demanda s'il approuvait l'admission de cet étranger dans l'armée. Que n'avons-nous dans nos rangs tous ses compatriotes ! s'écria l'homme des forêts tropicales; nous aurions les meilleurs soldats du monde.

Qui ne sait que le prince de Joinville, tombé dans une embuscade de brigands, dut son salut à sa déclaration qu'il allait convoyer le cercueil de Sainte-Hélène, mission que le jeune prince accomplit, d'ailleurs, si dignement.

A Solférino, l'intrépide Moneglia, *ce vrai Corse,* après avoir enlevé une batterie autrichienne, somme le commandant de se rendre. Le vieux colonel refuse d'abord de remettre son épée à un officier d'un grade inférieur, lorsque, en entendant le nom du vainqueur, il s'écrie : un feld-maréchal lui-même peut se rendre à un compatriote du petit caporal.

En 1848, un représentant du peuple, élu de la Corse, qui était, en même temps, officier d'infanterie, est présenté au maréchal Bugeaud.

« Je serais heureux de servir sous vos ordres, » dit le représentant du peuple. « Et moi, répond le vieux guerrier, d'avoir un soldat de votre nom et de votre pays. »

Je pourrais multiplier des faits propres à faire battre le cœur de tous les enfants de la vieille Cirnos, *ce nido d'allori,* nid de lauriers, comme on l'a dit justement ; mais, pour quelques malheureux *furdani* de Bastia, à qui les *Niolini* du marché devraient se

(1) Ce nom résonne de bien loin.

charger d'appliquer une leçon *touchante ;* pour quelques lâches Judas, traîtres à leur pays, et que leurs
propres parents eussent autrefois jetés à la mer, dans
un sac ; pour deux ou trois nullités, irritées d'avoir
inutilement sollicité des places ; que de vaillants soldats, d'adroits chasseurs, de hardis marins, de laborieux agriculteurs, la Corse ne compte-t-elle pas, qui
abominent les sacriléges, et qui leur eussent déjà mis
« *le stentine per le porette* » les tripes aux champs,
si on ne les avait retenus ?

Laissons ces *Vittoli* à l'opprobre de leur trahison ;
et qu'il me soit permis de rappeler un mot d'un diplo-
mate américain qui, à propos des ordures que certains
journaux et pamphlets ont jetées à la Colonne, disait
que la France elle-même, ce grand pays, est plus
connue dans l'univers par Napoléon que Napoléon par
la France.

Napoléon n'a fait que son devoir, quand il a mis son
génie et toutes ses facultés au service de la France,
qui l'en a largement récompensé par le culte voué à
sa mémoire, culte dont le vote du 10 décembre a été
la sublime manifestation ; — mais, je le dis, pour répondre aux ignorants et aux libellistes de mauvaise
foi : il n'est pas moins vrai que tous les écrivains militaires, français et étrangers, faisant autorité, convien-
nent qu'en 1796, la France était définitivement vain-
cue, sans Bonaparte.

Malgré les escargots rampant sur le bronze pour le
rayer de leur bave, l'auréole du grand homme ne sera
point ternie ; et s'il était possible de supposer un instant qu'elle le fût, ses détracteurs, mauvais patriotes,
ne seraient parvenus qu'à amoindrir la France de sa
plus glorieuse illustration.

Que les Corses ne se préoccupent donc pas du disparate que d'infimes folliculaires de Bastia tendent
vainement d'établir dans des sentiments unanimes qui
ont atteint le niveau d'une religion nationale. Que le
pouvoir n'amène pas son pavillon, en consentant à des

combinaisons qui confieraient les affaires du pays à ceux qui ne professent pas sincèrement cette religion.

Que Dieu inspire ceux qui, d'une main ferme, élèveront nos aigles au-dessus des empiétements étrangers et des discordes intestines, — et que notre chère Corse soit toujours fière de sa solidarité avec la France et avec son Elu.

*Evviva li nostri!*

Je vous serre la main et je suis votre affectionné,

P.-N. BONAPARTE.

*P. S.* Je ne puis douter de vos sympathies, mais en relisant, dans votre article, l'épitaphe du tombeau de ma grand'mère, je tiens à rappeler l'addition que j'y eusse voulue : AC. LIBERI. SCEPTRUM.NOLENTIS.

Cette lettre, ainsi qu'il était aisé de le prévoir, produisit dans notre île les plus heureuses conséquences. De toutes parts arrivèrent les lettres de félicitations. Des milliers de correspondants s'empressaient de ratifier le blâme infligé par un de ses membres aux ennemis de la famille Bonaparte.

Le prince s'adressant à des Corses dont il connaît le caractère, a chaudement coloré et pimenté son style. Nous ferons, néanmoins, observer à nos lecteurs, qu'il est demeuré en dehors de toute personnalité et qu'il n'a pas même fait à la *Revanche* l'honneur de la nommer.

Cette feuille aurait cependant mérité d'être mise au ban du ridicule ; car dans l'aveuglement de sa haine contre le fondateur de la dynastie napoléonienne, elle va jusqu'à nier son génie militaire. Une pareille aberration semblerait inouïe, dépassant les bornes de l'ab-

surde et de l'invraisemblable, si elle n'était consign
dans ce curieux paragraphe :

A Toulon, le vainqueur n'est pas Carteaux, n'est pas
Doppet, n'est pas Dugommier, n'est pas Lapoype ou
Victor, n'est pas surtout Nabulione Buonaparte, OBSCUR
OFFICIER, MOUCHE DU COCHE, en ce terrible choc; le
vainqueur, c'est le peuple, et la *tête*, cette fois, est
partout.

A Toulon? disons-nous. N'est-ce pas le peuple aussi, à
Montenotte, à Millesimo, à Arcole, à Rivoli, à Austerlitz. L'élan est si formidable que son effet se prolonge
jusqu'à Eylau. Le peuple a une vitesse acquise, et qui
a besoin de se dépenser. Bonaparte est porté par ce
flot ; quand les dernières agitations de cette mer sont
calmées, il sombre.

L'auteur de cette aimable plaisanterie, de cette appréciation follichonne des guerres de la première République, est M. Pascal Grousset, rédacteur de la *Marseillaise*, de la *Revanche*, qui a provoqué le prince,
sans avoir à donner la moindre attaque personnelle,
pour prétexte de son agression.

La *Revanche* comprenant peut-être qu'elle prêtait le
flanc aux flèches du ridicule, en niant les talents militaires du grand capitaine, qui de l'aveu même des
généraux qu'il a combattus, a dû ses principales vic-
toires à la soudaineté de ses inspirations, a essayé
d'opérer une diversion, en insultant le prince Pierre-
Napoléon Bonaparte, resté à l'endroit de la rédaction
de la *Revanche*, dans une entière et prudente réserve.

Soins inutiles ! Modération perdue ! Maître Louis
Tommasi prenant pour son compte personnel la criti-

que rigoureuse, mais polie du prince, contre la faction dont il est loin d'être un coryphé, a exhalé sa petite colère dans l'article que voici :

La renommée aux mille voix nous avait appris déjà les brillants faits et gestes de M. PIERRE-NAPOLEON BONAPARTE ; mais nous n'avions jamais pu apprécier, comme aujourd'hui, les fleurs de sa rhétorique, l'aménité de son style, la noblesse de ses pensées, la générosité de ses sentiments.

Non, cet aigle n'est pas né, il n'a pas grandi dans un nid de lauriers !

Non, ce prince n'est pas Corse :

— Il traite de mendiants (*furdani*) des hommes qui n'ont jamais frappé ni à sa porte, ni à celle d'aucun Bonaparte ;—il qualifie de traîtres (*Vittoli*) des citoyens indépendants qui pourraient lui donner des leçons de patriotisme.

Non, ce furibond *n'est pas un brave,* puisqu'il injurie des adversaires politiques qui ont au moins le mérite de la sincérité, puisqu'on invective des citoyens qui n'ont aucun compte à lui rendre et ne lui reconnaissent aucune supériorité.

Prince Pierre-Napoléon Bonaparte, avez-vous oublié ce que vous écriviez aux citoyens de la Corse le 12 mars 1848? — Alors vous étiez aussi pauvre que nous, et *vous veniez mendier nos suffrages ;* alors vous étiez plus républicain que nous, car vous voyiez dans le gouvernement de la République le moyen de *faire fortune.*

Prince Pierre-Napoléon Bonaparte, nous sommes des ignorants, mais quand vous voudrez recevoir une leçon d'histoire et de droit, nous vous prouverons, le *Bulletin des lois* à la main, que Napoléon Bonaparte, premier Consul, que Napoléon Ier, empereur, a commis des actes de tyrannie atroces.

Avez-vous oublié l'exécution de Joseph Aréna et celle de Gasparo Chifenti, gendre de Barthélemy Aréna? Ignorez-vous qui je suis? — *N'approchez pas*, car vous êtes encore tout ruisselant du sang des miens...

Vous nous menacez !

Vous nous signifiez que vous avez à votre disposition des sicaires disposés à nous arracher les TRIPPES !!!

C'est bien !!

Chassez le naturel il revient au galop.

Mais les rédacteurs de la *Revanche*, forts de leur bon droit, ne craignent pas les *bravaches*.

Mais si la loi était impuissante à nous protéger, nous aurions pour notre défense personnelle l'opinion publique, et, mieux encore, notre *énergie*, notre *courage*.

Voudrait-on par hasard faire renouveler dans Bastia les scènes sanglantes de Renoso ? Voudrait-on suivre l'exemple des assassins de *Prete Vecchio ?*

Les leçons *touchantes* que M. Bonaparte songerait à nous faire donner pourraient être administrées impunément aux bons paysans de *Lucques*, ou de San-Miniato ; — mais sur le dos d'un neveu de Barthélemy Arena; mais sur le dos d'un petit-fils de Luc-Antoine Viterbi... le chêne pourrait produire autre chose que des glands.

Soyons plus raisonnables, et surtout moins cyniques.

Quel nom donner à la démarche d'un publiciste dont la personnalité n'a pas été atteinte dans une polémique contradictoire, qui vient de but en blanc, de gaieté de cœur, insulter un membre de la famille impériale ?

La lecture de la *Revanche* me fit comprendre la gravité de la situation et la portée de l'article aggressif, cause première, directe, fatale, de l'irréparable malheur que nous déplorons tous.

Je courus, sans perdre une minute, chez le prince qui me reçut à l'instant même.

— Mais, c'est infâme ! s'écria-t-il, en m'apercevant, ce Tommasi m'est tout à fait étranger, je ne le connais pas, je ne l'ai jamais vu ; quel homme est-ce ?

— Il descend, répondis-je, de l'Aréna, qui a attenté autrefois à la vie de votre oncle. Dès lors tout s'explique. La haine et la violence sont héréditaires dans cette implacable famille.

— Est-il courageux, reprit le prince Pierre-Napoléon ?

— Je l'ignore, monseigneur ; on m'a cependant affirmé qu'il s'était, il y a de cela quelques années, battu avec un colonel.

— Alors, il acceptera sans hésiter une rencontre avec moi ? Je veux lui demander une réparation d'honneur, et vais lui écrire deux lignes. Attendez-les ici.

Le prince se lève et passe dans son cabinet. Je reste au salon avec la princesse, ses enfants, et un de mes honorables compatriotes, M. Giacometti.

Cinq minutes à peine écoulées, le prince revient et me remet la note suivante :

« Je prie mes témoins, MM. Paul de Cassagnac et « Jean de la Rocca, de faire savoir directement à « M. Tommasi :

« Que je crois trop au-dessous de moi d'engager une
« polémique quelconque avec un individu de son
« espèce ;

« Cependant, que je suis *bon prince*, et que, M. Tom-
« masi parlant de son courage, je suis prêt à faire
« la moitié du chemin, d'ici à Bastia, et que je compte
« lui faire une boutonnière que *Versini*, malgré son
« talent, ne pourra pas raccommoder.

« A propos d'Aréna, j'ajoute que la cause de la
« haine de ce grand coupable pour le grand homme
« était que celui-ci avait cassé un marché frauduleux
« de 6,000,000 de francs, par lequel Aréna voulait four-
« nir à nos soldats des chaussures à semelle de carton.

    « PIERRE-NAPOLÉON BONAPARTE.

« Paris, 8 janvier 1870. »

Puis, d'une voix vibrante :

— Voyez aujourd'hui même M. Paul de Cassagnac ;
sachez de lui, si je peux compter sur son concours.

Prenant congé à la hâte, je me jette dans une voiture et fais toucher au bureau du *Pays.* Une heure
après, j'étais en mesure de transmettre au prince ce
*télégramme :*

                    Samedi, 6 heures.

« J'ai vu Paul de Cassagnac. Il accepte de grand
cœur, selon votre désir; nous irons vous voir demain. »

Le lendemain, 9 janvier, j'arrivai à Auteuil, avec
un de mes intimes, le capitaine Franceschetti.

M. Paul de Cassagnac se fait annoncer quelques
instants après.

La *Marseillaise* avait publié le jour même l'article que voici :

## LA FAMILLE BONAPARTE.

Il y a dans la famille Bonaparte de singuliers personnages dont l'ambition enragée n'a pu être satisfaite et qui, se voyant relégués systématiquement dans l'ombre, sèchent de dépit de n'être rien et de n'avoir jamais touché au pouvoir. Ils ressemblent à ces vieilles filles qui, n'ont pu trouver de maris et pleurent sur les amants qu'elles n'ont pas eus.

Rangeons, dans cette catégorie de malheureux éclopés, le prince Pierre-Napoléon Bonaparte qui, se mêle d'écrire et de faire du journalisme à ses heures. Il habite en Corse où il fait la guerre à la démocratie radicale; mais il y remporte plus de Waterloo que d'Austerlitz. La *Revanche*, journal démocratique de la Corse, nous initie à ces défaites et nous donne un échantillon des articles du soi-disant prince.

Irrité de voir les idées républicaines envahir le sol natal de sa famille, le prince menace ses adversaires de les faire éventrer :

« Que de vaillants soldats, d'adroits chasseurs, de
« hardis marins, de laborieux agriculteurs, la Corse
« ne compte-t-elle pas, qui abominent les sacrilèges
« et qui leur eussent déjà mis « *le stentine per le*
« *porrette* » les tripes aux champs, si on ne les avait
« retenus! »

Comme on voit, le prince n'y va pas de main morte. Grattez un Bonaparte, vous verrez apparaître la bête féroce.

Non contents de nous blesser dans notre conscience, dans nos souvenirs, de nous diminuer dans nos biens, ces gens-là nous insultent et se flattent de retenir leurs *bravi* prêts à nous éventrer!

Le vote du dix décembre paraît au prince Pierre-Napoléon Bonaparte une sublime manifestation. La manifestation de la lassitude et de la peur, oui! — mais les temps sont changés, avouons-le; nous sommes loin d'être las.

C'est ce que le rédacteur en chef de la *Revanche*, M. Louis Tommasi, bâtonnier des avocats près la cour de Bastia, a très-bien répondu à ce fanfaron de la famille impériale, qui se croit encore sous le régime du bon plaisir, comme sous Napoléon I$^{er}$.

Après avoir lu ces lignes furibondes, le prince nous dit, avec le plus grand calme :

— Voilà cependant des hommes qui m'accablent d'injures et contre lesquels je n'ai jamais écrit un mot! N'est-ce pas une injustice? Eh bien! au lieu d'un duel, Messieurs, j'en aurai deux. Seulement, je ne puis, je ne dois pas, dans ma position, me commettre avec le premier venu. M. Rochefort, étant rédacteur en chef de la *Marseillaise*, c'est à lui naturellement que je dois demander réparation des outrages que m'adresse ce journal. A part cela, je ne serais pas fâché de tenir sous mon épée (nous citons textuellement) l'insulteur ordinaire de l'Impératrice et du Prince Impérial.

Puis, dans un redoublement d'indignation :

N'est-ce pas, messieurs, que cet homme est inexcusable d'insulter sans cesse une souveraine, une mère, une femme que ses vertus ont entourées du respect, de la gratitude de tous?

— Ah! monseigneur, répondit M. Paul de Cassagnac, vous ne connaissez pas les républicains socialistes. Ils se ressemblent tous. Rochefort a grandi par le scandale, c'est par le scandale qu'il espère se maintenir. Il refusera une rencontre avec vous. Le mandat impératif n'est-il pas là pour couvrir sa poitrine?

— A propos, me dit le prince, avez-vous écrit à M. Tommasi de Bastia ?

— Voici, monseigneur, la copie de la lettre :

Paris, le 9 janvier 1870.

Monsieur,

En qualité de témoins de S. A. le prince Pierre-Napoléon, nous avons l'honneur de vous transmettre, de sa part, la note ci-jointe (on a lu la note plus haut) :

Son Altesse se trouve gravement insultée par un article de votre journal, en date du 4 courant, et elle vous demande formellement une réparation par les armes.

Nous attendons de vous, monsieur, une réponse immédiate dans laquelle vous nous ferez connaître le nom et l'adresse de vos mandataires.

Si vos témoins n'habitaient pas la France, nous irions au devant d'eux jusqu'à moitié chemin, c'est-à-dire jusqu'à Nice, par exemple, et au besoin nous pousserions jusqu'à Bastia.

Vous voudrez bien, monsieur, excuser de notre part d'aussi longs détails : mais la distance qui nous sépare et le vif désir que nous avons de faciliter une réparation d'honneur que vous devez, nous y obligent, à notre grand regret.

Nous ne croyons pas devoir ajouter que les instructions de vos témoins doivent « être suffisamment caté-

« goriques, pour nous éviter à tous, et après un dé-
« rangement mutuel, une issue ridicule. »

Veuillez agréer, monsieur, l'assurance de nos sentiments distingués.

PAUL DE CASSAGNAC. — JEAN DE LA ROCCA.

— C'est bien, ajouta le prince, après une rapide
lecture de cette lettre. Un duel en Corse me répugne.
Je craindrais d'y exciter les passions par mon exemple et de provoquer des manifestations regrettables.
S'il le faut cependant, je suis décidé à aller jusque-là.
En attendant, à table, Messieurs ; Rochefort fera les
frais de la conversation.

Pendant le déjeuner on causa politique, puis le
capitaine Franceschetti rappela à notre hôte des
souvenirs d'Algérie qui lui furent particulièrement
agréables.

On parla ensuite des maréchaux Bazaine, Canrobert.

— Ah ! certes, fit le prince, mon cousin peut
compter sur eux, en toutes circonstances, et c'est
l'important.

— Canrobert et Bazaine se feront, comme les
autres maréchaux, hacher plutôt que d'abandonner
l'Empereur, reprit le capitaine Franceschetti avec
vivacité.

Puis, tendant au prince un autographe du maréchal
Bazaine :

— Lisez, monseigneur, ce que m'écrivit cet ancien
camarade d'école, en apprenant sa nomination de
général en chef de la garde impériale.

— Je ne suis pas étonné d'un pareil langage, répondit le prince, en rendant la lettre. Il représente bien l'esprit de l'armée, sur laquelle je suis sûr que nous pouvons compter.

Le déjeuner fini, on passa au salon, pour s'occuper de la lettre à Rochefort, dont notre hôte lui-même fournit le canevas. Après nous l'avoir lue :

— Qu'en pensez-vous, Messieurs ?

*P. de Cassagnac.* — Rochefort ne se battera pas.

*Le prince.* — Tant pis pour lui !

*Moi.* — Tant mieux au contraire ! Vous le tueriez. Vous êtes si habile à manier l'épée.

*Le prince.* — Mais Rochefort lui-même passe pour fort adroit. Quoi qu'il arrive, je ne puis, messieurs, me dispenser de lui écrire.

Pierre-Napoléon se lève, passe dans son cabinet de travail, et rentre quelques instants après, avec la lettre suivante :

Paris, 9 janvier 1870.

Monsieur,

Après avoir outragé, l'un après l'autre, chacun des miens, et n'avoir épargné ni les femmes ni les enfants, vous m'insultez par la plume d'un de vos manœuvres.

C'est tout naturel, et mon tour devait arriver.

Seulement, j'ai peut-être un avantage sur la plupart de ceux qui portent mon nom: c'est d'être un simple particulier, tout en étant Bonaparte.

Je viens donc vous demander si votre encrier se trouve garanti par votre poitrine, et je vous avoue que je n'ai qu'une médiocre confiance dans l'issue de ma démarche.

J'apprends, en effet, par les journaux, que vos électeurs vous ont donné le mandat impératif de refuser toute réparation d'honneur et de conserver votre précieuse existence.

Néanmoins, j'ose tenter l'aventure, dans l'espoir qu'un faible reste de sentiment français vous fera vous départir, en ma faveur, des mesures de prudence et de précaution dans lesquelles vous vous êtes réfugié.

Si donc, par hasard, vous consentez à tirer les verrous qui rendent votre honorable personne deux fois inviolable, vous ne me trouverez ni dans un palais ni dans un château; j'habite tout bonnement, 59, rue d'Auteuil, et je vous promets que si vous vous présentez, on ne dira pas que je suis sorti.

En attendant votre réponse, j'ai encore l'honneur de vous saluer.

PIERRE-NAPOLÉON BONAPARTE.

La forme et le fond de ce cartel obtint l'approbation de tous les convives.

*Le Prince.* — Puis-je compter sur vous, mon cher Cassagnac?

*M. de Cassagnac.* — Très-volontiers, monseigneur, mais Rochefort, je vous l'ai déjà dit, refusera de se battre, et s'il s'y décide, il me récusera peut-être comme témoin.

Après cet entretien, reproduit avec une scrupuleuse exactitude, nous prenons tous congé du prince. Cinq heures sonnaient.

Au moment de me quitter, notre hôte me dit:

2.

— Si Rochefort accepte, je vous enverrai une dépêche. Il faut mener rondement cette affaire.

Le lendemain lundi m'arrive ce télégramme :

— *Venez vite.* — *Affaire très-grave.*

Je saute dans une voiture, et j'accours à Auteuil de toute la vitesse des chevaux.

Je trouve la maison cernée par des sergents de ville. Je décline mon nom et on me laisse pénétrer dans l'intérieur.

Impatient de savoir à quoi m'en tenir, je presse de questions Dauphiné, le valet de chambre du prince.

— Que se passe-t-il donc ?

— Ils sont venus provoquer monseigneur, l'insulter dans son appartement. Ils ont failli le tuer.

— Impossible !

— Rien n'est plus vrai.

— Ah ! quel affreux malheur !

Eperdu, hors de moi, je gravis quatre à quatre l'escalier qui mène à la salle d'armes. Je rencontre une femme attachée au service de la maison :

— Eh bien ! *Babete*, il paraît qu'il y a quelque chose de grave.

— Ah ! oui, monsieur, répond la pauvre fille tout émue. Ils étaient chez monseigneur pour le tuer... Un d'eux en se sauvant, m'a menacée avec son pistolet.

— J'entre au salon ; j'y trouve Paul de Cassagnac, Henri de la Garde et les capitaines Casanova et Pulicani. Après avoir lu le *Parlement* qui annonçait le malheur, ils étaient en toute hàte accourus à Auteuil.

Paul de Cassagnac s'avançant vers moi :

— Voilà bien des événements.

Pierre-Napoléon était enfermé dans son cabinet avec le commissaire de police, qui lui faisait subir un premier interrogatoire.

Il entre tout-à-coup au salon, accompagné de ce magistrat, et, me tendant la main :

— Merci... que voulez-vous !... j'ai dû me défendre... on ne soufflette pas impunément un homme de ma race... et si je ne suis pas mort... c'est une providence... Le second témoin a tout fait pour cela... sa peur... sa maladresse... un défaut du pistolet, ont pu seuls me sauver.

Puis, après une pause :

— Je demande à être soumis au droit commun. J'ai écrit à M. Conti pour le prier de prévenir l'Empereur de ce grand malheur... Ah ! je me figure son chagrin..

— J'ai une grâce à lui demander... de comparaître devant le jury... dont avec confiance j'attendrai le verdict.

Il demanda donc à se constituer prisonnier volontaire entre les mains du commissaire de police.

— Je suis à vos ordres, dit-il à ce magistrat.

— Bien, mon prince, reprend ce dernier ; voilà une détermination digne de vous.

Le prisonnier de sa parole d'honneur entre alors dans sa chambre, prend un manteau fourré, serre contre sa poitrine sa femme et ses deux enfants, puis avec une profonde émotion, embrassant sa petite Jeanne, portrait vivant de Madame *mère* :

— Sois sage, mon enfant.

Et me serrant la main :

— Vous viendrez me voir en prison, n'est-ce pas?

S'élançant ensuite dans sa voiture, il fait toucher à a Conciergerie.

Peu d'instants après son départ, j'entre dans le cabinet de Pierre-Napoléon, et, sur son bureau, je trouve une note que je reproduis textuellement, parce qu'elle contient les principales scènes du déplorable drame.

Ils se sont présentés, d'un air menaçant (Ulrich de Fonvielle et Victor Noir), les mains dans les poches. Ils m'ont remis une lettre de M. Paschal Grousset, rédacteur de la *Marseillaise*, à qui je n'ai jamais eu affaire. Cette lettre était une provocation ainsi conçue :

Á **MM**. *de Fonvielle et Victor Noir, rédacteurs de la* Marseillaise.

Mes chers amis,

Voici un article récemment publié avec la signature de M. Pierre-Napoléon Bonaparte et où se trouvent, à l'adresse du rédacteur de la *Revanche*, journal démocratique de la Corse, les insultes les plus grossières. Je suis l'un des rédacteurs-fondateurs de la *Revanche*, que j'ai mission de représenter à Paris. Je vous prie, mes chers amis, de vouloir bien vous présenter, en mon nom, chez M. Pierre - Napoléon Bonaparte et lui demander la réparation qu'aucun homme d'honneur ne peut refuser dans ces circonstances.

PASCHAL GROUSSET.

J'ai tout d'abord répondu : « J'ai affaire à M. Rochefort et non à ses manœuvres? »

— « Lisez cette lettre, » a dit M. Victoir Noir.

— « Elle est toute lue, » ai-je répondu. Puis j'ai ajouté : « En êtes-vous solidaires ? »

« Il m'a répondu par un soufflet, et immédiatement M. de Fonvielle, comme pour empêcher toute riposte de ma part, a sorti un pistolet. Me voyant ainsi attaqué et menacé, j'ai rapidement pris un pistolet de poche et j'ai fait feu sur M. Victoir Noir. L'autre, M. de Fonvielle, s'est alors accroupi derrière un fauteuil, cherchant en vain, tout en m'ajustant, à armer son pistolet. J'ai fait feu sur lui sans résultat.

« Alors, il s'est sauvé, passant devant |moi, sans que j'essaye de l'en empêcher, ce qui m'eût été facile. Mais, arrivé derrière la première porte, il m'a ajusté de nouveau. J'ai tiré une troisième balle, que le petit calibre de mon arme a dû également rendre inutile.

« Je me bornerai à ajouter que ces messieurs ont oublié, chez moi, une boîte à pistolets et une canne à épée; cela suffira à montrer que la lettre de M. Paschal Grousset n'était qu'un prétexte pour m'entraîner dans une embuscade parfaitement préparée. »

M. Paul de Cassagnac vient me rejoindre, et dit :

— Je vais écrire au *Figaro* et au *Gaulois*.

Il prit la plume, après avoir lu la relation qu'on vient de voir, et écrit :

Monsieur le rédacteur,

Comme ami du prince Pierre-Napoléon Bonaparte, j'ai l'honneur de vous faire savoir qu'il vient, en ma présence, de se constituer prisonnier à la préfecture de police.

De plus, j'ai tout lieu de croire que le prince désire réclamer pour lui la loi commune et la juridiction ordinaire, sans exciper aucunement des dispositions spéciales qui réglementent la situation des divers membres de la famille impériale.

Je joins à ce simple mot le récit de l'événement, tel que le prince l'a écrit immédiatement après.

Veuillez agréer, monsieur, l'assurance de mes sentiments distingués.

PAUL DE CASSAGNAC.

Auteuil, ce lundi soir.

En cherchant du papier sur la table de travail, j'avise le message de M. Paschal Grousset.

— Mais le prince, fis-je, a oublié une lettre qui doit lui être utile ; voyons.

M. le procureur impérial et M. le juge d'instruction arrivent presque aussitôt et ensemble.

Sept heures sonnent.

Les deux magistrats interrogent les personnes de la maison, dressent un état de lieux, et consignent sur leur procès-verbal que le prince s'est constitué prisonnier.

Je m'avance vers les magistrats, tenant ouverte la lettre de M. Paschal Grousset, remise de sa part par MM. Victor Noir et Ulric de Fonvielle au prince qui a oublié de la prendre.

— Je garde cette lettre, dit après l'avoir lue, le juge d'instruction.

Dans l'intervalle, des mesures précautionnelles étaient prises, afin de préserver la maison des attaques du dehors, en l'absence du maître; quarante sergents de ville, environ, veillèrent jusqu'au jour. Quelques amis, notamment MM. Labruyère, les capitaines Casanova et Pulicani, Antoine de la Rocca, Louis

Duluc, passèrent la nuit avec moi dans la maison du prince.

MM. Paul de Cassagnac et de la Garde se retirèrent sur le coup de minuit. M. Mattei, lieutenant de la garde impériale, les avaient précédés de deux heures.

Mais il est temps de reprendre notre récit.

M. l'abbé Casanova, ex-précepteur du prince et chargé aujourd'hui de l'éducation de ses enfants, nous raconta alors toutes les péripéties du drame que nous venons de reproduire.

Le vénérable prêtre avait l'âme navrée.

— Lui, si bon, si généreux, en être réduit à défendre ses jours.... et à quel prix !... Quel chagrin pour ses frères, ses neveux, ses nièces, pour tous ceux qui l'aiment !...

Puis avec un redoublement de douloureuse vivacité :

Mais quel homme à sa place n'en aurait fait autant ? Le prince, toujours armé.... tous le savent aussi bien que moi, s'est défendu comme il sait se défendre.... et alors.... oh ! malheur !.... malheur !.... et notre pauvre Corse que va-t-elle penser et dire de ce funeste événement !

Nous apprîmes avec une vive affliction que M. le docteur Samaseuilh, médecin de la localité, appelé immédiatement à la pharmacie, ne put qu'assister au dernier soupir de M. Victor Noir. Il manda aussitôt le docteur Pinel, qui demeure avenue d'Eylau, 97, et qui ne tarda pas à arriver.

Ce fut celui-ci qui se chargea des premières constatations.

La balle avait touché à sept centimètres en dedans et à trois centimètres au-dessous du mamelon gauche, région qui correspond à la pointe du cœur. Le stylet explorateur mesura deux centimètres et demi de profondeur. La balle, que la blessure a fait reconnaître avoir un diamètre de huit millimètres, s'est égarée dans l'intérieur du poumon, après avoir traversé le péricarde et intéressé le ventricule gauche du cœur.

M. le docteur Pinel estima que la mort devait avoir eu lieu un peu moins de dix minutes après la blessure reçue.

Au moment où M. Pinel achevait ces constatations, M. Morel, médecin du prince Pierre Bonaparte, le faisait prier de vouloir bien se transporter au domicile de celui-ci, pour reconnaître une contusion que le prince déclarait avoir reçue pendant la lutte.

M. le docteur Pinel a constaté en effet que le prince portait une contusion au-dessus de l'oreille gauche.

Le *Journal officiel* du lendemain contenait la note suivante :

« En apprenant la nouvelle de l'homicide commis par le prince Pierre Bonaparte, M. le garde des sceaux a aussitôt ordonné son arrestation.

« Le prince avait été au-devant de cet ordre en se constituant prisonnier, dès cinq heures, entre les mains du commissaire de police d'Auteuil. Il a été immédiatement conduit à la Conciergerie. »

Nous laissons maintenant la parole au *Figaro* dont les comptes rendus se distinguent par une appréciation impartiale dont lui sauront gré tous les honnêtes gens, qui, Dieu merci, forment à Paris et dans toute la France une majorité imposante.

Nous avons eu l'honneur de connaître M. Théodore de Grave, à la plume autorisée duquel a été confié le compte rendu du douloureux événement, et nous savons qu'on peut accorder une foi implicite à tous les faits qu'il affirme.

. . . . . . . . . . . . . . .

Pendant que M. Brenier faisait subir un premier interrogatoire au prisonnier de la Conciergerie, — qui avait déclaré que, bien que souffrant et horriblement fatigué, il était prêt à répondre à toutes les questions qui lui seraient posées, — un fonctionnaire était envoyé aux bureaux de la *Marseillaise*, pour inviter M. de Fonvielle à se présenter sur l'heure devant le magistrat instructeur qui avait besoin de l'entendre.

Ici se place un incident typique : la personne envoyée à la recherche de M. Ulric de Fonvielle, après avoir monté les cinq étages de la maison de la rue d'Aboukir, entrait, à la suite d'un coup discret frappé à la porte, dans la grande salle de rédaction du journal la *Marseillaise*, lorsqu'elle entendit une voix qui partait d'un bureau voisin appeler : — Fonvielle!

A ce nom, un monsieur se leva et quitta la salle.

Le mandataire de la préfecture regarda cette personne pour être bien sûr que, — lorsqu'il demande-

rait celle qu'il venait chercher, — on ne lui en présen-
terait point une autre à la place.

Quelques minutes plus tard, le délégué de M. Ber-
nier ayant exprimé le désir de parler à M. Ulric de
Fonvielle, un monsieur tout différent de celui qu'il
venait de voir lui demandait ce qu'on lui voulait.

— Est-ce à M. Ulric que j'ai l'honneur de parler ?

— Oui, monsieur.

— Cependant je viens d'entendre appeler M. de
Fonvielle, et c'est un autre que vous qui a répondu à
ce nom en quittant cette salle.

Le quiproquo fut vite expliqué, car c'était bien
M. Ulric de Fonvielle qui se trouvait là. Pour achever
de prouver son identité, il appela immédiatement son
frère Arthur et, en sa compagnie, suivit le magistrat
judiciaire au palais de justice.

Après avoir répondu aux questions du juge d'instruction, le témoin fut rendu à la liberté, dont il
n'avait du reste pas été privé un seul instant.

Dans son interrogatoire, le prince Pierre Bonaparte
a reproduit photographiquement le récit que nous
avons publié. Il a raconté les faits avec le plus grand
calme, la plus grande netteté; en terminant, il a exprimé de vifs regrets du mouvement de colère auquel
il s'était laissé aller, et des conséquences sanglantes
qui en étaient résultées.

— J'avais été grièvement insulté, a-t-il ajouté, et,
en outre, je n'ai fait que défendre ma vie qui se trouvait sérieusement menacée !

Le complément d'instruction préliminaire a dû être

remis, à cause de l'heure avancée à laquelle les magistrats ont quitté le Palais.

Hier donc il a été procédé aux constatations relatives à l'arrivée de MM. Victor Noir, Ulric de Fonvielle, Paschal Grousset et G. Sauton.

Il serait résulté de l'enquête faite à ce sujet : que les trois premiers étaient partis ensemble des bureaux de la *Marseillaise*, qu'ils avaient pris une voiture à quatre places pour aller chercher M. Georges Sauton à un rendez-vous convenu, et que ce dernier — comme cela n'a jamais été contesté — était resté en bas, en compagnie de M. Grousset, pendant que ce malheureux Noir allait tomber sous la balle du prince Pierre Bonaparte.

C'est M. Tardieu qui a été chargé par la justice des constatations médico-légales.

## INTÉRIEUR DU PRINCE PIERRE.

La maison qu'habite à Auteuil le prince Pierre Bonaparte est d'une grande simplicité, apparente et effective. Le bâtiment est vaste, aéré et distribué de façon à satisfaire aux exigences de la vie intime et toute modeste que mène le cousin de l'Empereur ; mais c'est en vain que l'on chercherait à rencontrer dans cette habitation de famille les éléments nécessaires à une installation somptueuse.

En entrant, on a en face de soi, seul luxe de cette demeure, un immense terrain planté d'arbres ; un gazon naturel s'étend dans la longueur de ce petit parc ; des deux côtés de la porte cochère se trouvent les remises et les écuries, et de suite, en tournant sur la gauche, les premiers degrés de l'escalier se présentent au visiteur.

On monte vingt marches au plus et l'on se trouve dans une salle d'armes, qui sert en quelque sorte d'antichambre au salon.

Cette salle d'armes, dont les murs sont nus, n'a qu'un seul point qui présente quelque caractère : c'est celui du fond, où se trouve la cheminée et où l'on voit également une collection assez curieuse d'armes blanches et surtout d'armes à feu.

Il y a là des échantillons de tous les pays, depuis le fusil à mèche des Chinois, jusqu'à l'espingole de Castille, depuis l'arquebuse primitive des huguenots jusqu'au rifle américain. Puis, on y voit encore les modèles les plus récents, et enfin le simple fusil de chasse ordinaire.

Le prince est grand amateur, et il est bien rare qu'un modèle nouveau se produise sans qu'aussitôt l'inventeur aille le lui offrir. Aussi, il est presque impossible, quelle que soit l'heure de la journée où l'on se présente, de s'asseoir sur un siége, de s'appuyer sur un meuble, sans se heurter à une arme quelconque.

Un jour, c'était l'année dernière, je crois, dans ce même salon où lundi s'est passé le drame que l'on connaît, entre chez Pierre Bonaparte un monsieur qui tenait absolument à lui montrer une canne pouvant servir d'arme à feu.

L'inventeur fait jouer la mécanique, le coup part et la balle va effleurer la poitrine de madame la princesse Pierre qui, debout, appuyée sur le dossier d'un fauteuil, regardait le jeu de cet instrument. La blessure n'eut pas de suites sérieuses, fort heureusement.

Maintenant, pénétrons dans ce salon, devenu désormais tristement célèbre.

Ici, nous sommes en plein dix-huitième siècle, par la coupe de la pièce, par son élévation, par ses boiseries peintes en gris, par ses panneaux du fond formés par des portes simulées, garnies de glaces du temps.

Seul le meuble en velours rouge jure un peu avec l'harmonieux ensemble architectural, car j'oubliais de le dire, cette pièce, vaste et bien éclairée, est aussi à pans coupés aux quatre angles.

En entrant par la porte de la salle d'armes, la cheminée se trouve à droite, et en face, au milieu d'un panneau sculpté, on remarque un portrait photographique de Napoléon III. Ce portrait est le seul tableau, le seul ornement, la seule décoration de cette pièce, la principale cependant de l'habitation.

Un jour que je regardais cette image unique et que j'en faisais la remarque, le prince se tourna vers moi, et, avec l'expression d'un respect profond, il me dit simplement :

— C'est le chef de notre famille, personne ne doit lui disputer la place ; voilà pourquoi chez moi je ne permets aucune autre image sur les murs du salon.

La garniture de la cheminée, la pendule surtout, est d'un curieux travail qui doit remonter au premier Empire. A côté de la pendule, et posé directement sur le marbre de la cheminée, on voit une petite merveille d'orfévrerie représentant le tombeau du chef de la dynastie impériale. C'est sans contredit un bijou d'une valeur artistique réelle pour tout le monde ; pour le prince Pierre, il y a là un souvenir de famille inappréciable.

Avec le buste de S. M. l'Impératrice, c'est à peu près tout ce que possède ce salon en fait de menus objets.

Au milieu se trouve une table, contre le mur faisant face à la cheminée, un canapé, et dans le fond, en opposition à la porte donnant sur le billard, çà et là des fauteuils, ceux notamment derrière lesquels s'était un instant caché M. Ulric de Fonvielle, d'après la version du prince.

En face de la porte de la salle de billard, dont nous parlerons tout à l'heure, il y a également une autre porte, ouvrant directement sur la chambre à coucher du prince, chambre à coucher qui lui sert en même temps de cabinet de travail.

Entrons dans cette pièce.

Elle est immense et d'une simplicité digne d'un philosophe. Elle a toute la longueur formée par le salon et la salle d'armes,

Dans le fond, des placards, destinés aux vêtements et à la lingerie particulière de Pierre Bonaparte.

Au milieu, le lit, large, solidement établi, mais sans rideaux. Le long des murs, sa bibliothèque ; dans un coin, une table-toilette ; puis, une grande cheminé en pierre, dans le genre de nos grands âtres des campagnes ; et, enfin, près d'un vitrage donnant sur un terrain, une table tenant toute la largeur de cette pièce.

Sur cette table sont des papiers, des cartes, des compas, des manuscrits, des plans, des épreuves, des livres, enfin tout cet attirail, cet outillage intellectuel de l'homme qui donne la meilleure partie de son temps aux choses de la science et de l'esprit.

C'est qu'en effet le prince travaille beaucoup. Il est d'un tempérament robuste et d'une activité constante, malgré les douleurs que lui font éprouver les blessures qu'il a reçues.

Maintenant, sortons de la chambre à coucher, traversons de nouveau le salon, et pénétrons dans la salle de billard, où M. Ulric de Fonvielle se trouvait lorsqu'il lui a été tiré le second coup de pistolet.

D'abord, arrêtons-nous quelques secondes sur la porte et de là examinons cette pièce. Je ne puis guère en apprécier au juste la distance, car tout ceci est écrit des souvenirs recueillis dans un moment où se mouvait autour de moi une famille vivement troublée ; mais j'estime cependant que la longueur de cette pièce peut être de dix mètres.

La porte du salon donnant dans cette salle se trouve presque dans l'encoignure et non pas sur le milieu ; de telle sorte qu'en sortant de cette porte, le billard appuyant sur le côté gauche, présente pour ainsi dire obstacle, et amène généralement la personne qui sort du salon pour traverser la salle à billard, à appuyer sur le côté droit pour aller rejoindre le petit escalier du fond, qui pourtant est sur la gauche.

Je ne sais si cette explication est bien compréhensible ; dans tous les cas elle sert à démontrer comment et pourquoi M. Ulrich de Fonvielle a dû, suivant la loi commune, se précipiter par le côté droit de la salle de billard.

C'est là qu'était M. de Fonvielle lorsque Pierre Bonaparte a tiré sur lui le dernier coup de pistolet, dont la balle, après avoir traversé le vêtement de M. de Fonvielle, est allée se loger à droite dans la tapisserie, après avoir déchiré le papier à deux endroits.

Quant aux appartements de la princesse, ils se trouvent au second étage.

Dans la journée, la maison que je viens de décrire à la hâte a reçu la visite d'une foule nombreuse, accourue pour apporter ses sympathies à la princesse, qui a reçu ses amis entourée de ses enfants.

Plus de trois cents personnes sont allées pour se faire inscrire.

Mardi 12, j'ai eu l'honneur de visiter Pierre-Napoléon Bonaparte à la Conciergerie. Il était calme, tranquille, bien que péniblement affecté des invectives éditées contre lui par certaines feuilles écarlates, surtout la *Marseillaise*.

— Ma principale consolation, dit-il, c'est que l'heure

de la justice ne se fera pas attendre. Je voulais un jury ordinaire. Il paraît que dans ma position la chose est impossible. Je me fie, quel qu'il soit, à l'équité du tribunal devant lequel il me faudra comparaître, car ma conscience ne me reproche rien. Vous ne sauriez croire, mon cher de la Rocca, combien la mort de M. Victor Noir me navre et me désole ; mais que faire, mon Dieu, que faire, en présence d'une pareille insulte, d'une agression aussi brutale, quand on a du cœur et du sang dans les veines ?

J'essayai de faire diversion à sa douleur, en l'entretenant des choses du dehors. Il y revenait toujours, faisant allusion au chagrin de la famille du défunt :

— Pauvre père ! disait-il.

Désireux de l'arracher à sa mélancolie. je lui parlai des journaux de la veille et du jour, qui, sans exception, s'occupaient de l'événement d'Auteuil.

— Vous les avez lus, me dit-il.

— Oui, Monseigneur !

— Il paraît que plusieurs d'entre eux profitent de l'occasion pour exciter contre l'empire les sectaires de la démagogie !

— C'est la triste vérité !

— N'est-il pas souverainement absurde, odieusement inique, de rendre le chef de l'État responsable d'une catastrophe qu'il ne pouvait pas même soupçonner ?

— C'est, en effet, une infamie, Monseigneur.

— J'espère que nous n'aurons pas à déplorer d'autres sinistres.

— Tout est jusqu'à présent parfaitement tranquille.

— J'espère, et cette idée ranime mon courage, être absous par l'opinion publique. Plusieurs officiers m'ont donné des marques de leur affectueuse estime. Vous ne sauriez croire combien ces manifestations spontanées me consolent et m'encouragent.

Puis passant à un autre ordre d'idées :

— Il paraît que M. Paschal Grousset s'est plaint dans les journaux que je l'avais attaqué dans le vôtre.

— Oui, Monseigneur, mais j'ai donné à son inculpation un démenti formel. Vous lirez ma lettre aujourd'hui ou demain.

Le prisonnier me remercia avec effusion.

Tels sont les faits dans leur entière et scrupuleuse exactitude.

J'ai l'honneur d'être l'ami du prince Pierre-Napoléon ; mais je suis avant tout homme d'honneur et incapable de mentir.

Les divers jugements de la presse parisienne ont pu jeter quelque trouble, quelques hésitations dans la conscience publique, mais l'heure de la justice ne tardera pas à sonner, et la vérité se dégageant des nuages qui l'entourent à cette heure, apparaîtra dans toute sa splendeur.

# VIE

## DU

# PRINCE PIERRE BONAPARTE

# AVANT-PROPOS

La biographie que nous publions aujourd'hui a cela de particulier qu'elle se détache nettement des existences analogues, moins par des actes officiels et appartenant au domaine public, que par des incidents pittoresques et des traits saillants de bravoure personnelle.

Cette vie, dont les détails intimes ne sont point assez connus peut-être, se distingue surtout par des œuvres littéraires portant le cachet de l'inspiration, d'un ardent patriotisme et d'études profondes.

Cette impression, qui est la nôtre, et sous le coup de laquelle, après mûr examen, nous avons écrit cette notice, sera nécessairement partagée par tous les lecteurs impartiaux qui jugent sainement les hommes et les choses. Nous désirons surtout l'appréciation désintéressée des écrivains de talent et de cœur, qui ramènent, au besoin, dans le chemin de la vérité l'opinion publique, égarée par les pamphlétaires, et ne reculent jamais devant l'accomplissement d'un devoir.

Honoré de l'affectueuse estime du prince, nous avons pu scruter sa riche nature et les forces vives de son intelligence.

Son Altesse s'est fait remarquer jusqu'à ce jour par un esprit aussi droit que solide, un goût épuré par l'étude, un caractère digne, indépendant, une admiration sincère pour tout ce qui est grand, beau, juste, et un dévouement inébranlable à trois causes saintes, qui se confondent dans son noble cœur :

La Corse, l'Empereur et la Liberté.

Tous ceux qui ont eu l'honneur d'approcher le prince tiennent un langage identique.

Pierre-Napoléon Bonaparte appartient à cette classe d'hommes d'élite, dont l'âme contient des trésors précieux, inconnus à la foule, et qui charment les amis de la maison, en les frappant d'une douce surprise. C'est alors que le génie de la grande race, dont il est aussi fier que digne, se manifeste en lui, que les partisans de la dynastie napoléonienne, admis dans son intérieur, s'étonnent que d'aussi hautes, d'aussi incontestables capacités que les siennes ne soient pas plus souvent en évidence, dans l'intérêt bien entendu de l'empire et de son auguste chef, à qui le prince Pierre-Napoléon est, corps et âme, entièrement dévoué.

Pierre-Napoléon Bonaparte n'a jamais démérité de l'estime de ses concitoyens, ni du nom glorieux qu'il porte haut et ferme.

Il nous sera bien facile de prouver que dans la bonne, ainsi que dans la mauvaise fortune, le prince n'a point varié, qu'il est resté solide dans le devoir et inébranlable dans ses convictions.

Jamais il n'a recherché les dignités ni le faste.

Le favorable accueil que nous espérons pour les pages qu'on va lire prendra surtout sa source dans les détails inédits qu'elles renferment.

## PORTRAIT D'APRÈS NATURE DU PRINCE.

Le style, c'est l'homme, a dit Buffon quelque part.
Le prince Pierre-Napoléon est la preuve vivante de
cette vérité. En lisant ses livres, on lit dans son
cœur.

Nous avons étudié, avec l'attention qu'elles méritent,
les œuvres publiées et inédites du prince. Nous
sommes en mesure d'en rendre un compte fidèle et de
déclarer, tout d'abord, que nous y avons trouvé le reflet des hautes qualités de l'auteur.

Nous ne pouvons donc pas séparer l'éloge de son
caractère de nos appréciations, en parlant de ses travaux littéraires.

Si notre critique ne porte pas le cachet du talent,
elle se recommande, du moins, par l'indépendance et
la franchise, qui résument, selon nous, les qualités
essentielles du biographe.

L'esprit qui domine tous les écrits de Pierre-Napoléon Bonaparte, c'est aussi l'indépendance. Ce sentiment, bien compris par l'homme de lettres, est au-
dessus de la liberté proprement dite, ou plutôt c'est sa
manifestation la plus sincère ; manifestation qui doit
être appropriée aux tendances, aux devoirs, aux habitudes, au caractère de l'écrivain. Elle va droit au but

qu'il se propose d'atteindre, sans souffrir aucune influence extérieure. On ne peut se déclarer indépendant, dans toute l'acception du mot, que quand on est assez fortement trempé pour défendre résolûment ses convictions, ses croyances, ses actes, contre ceux qui essayent de faire plier notre volonté sous l'effort de la leur. En un mot, posséder une véritable indépendance c'est avoir toute sa liberté d'esprit, c'est *être soi*, toujours, dans la vie privée, dans la vie publique, au camp comme au forum, et ne prendre que sa conscience pour conseiller et pour juge.

Pierre-Napoléon Bonaparte a mis ces maximes en action dès son entrée dans la vie ; et nous croyons pouvoir affirmer qu'aucune considération ne le ferait dévier de sa ligne de conduite.

Nous irons plus loin : il y a dans son âme une telle originalité, des aspirations si primesautières, qu'elle semble, pour ainsi dire, dépaysée au milieu de notre siècle, dont elle ne partage ni les préjugés, ni les ridicules, ni surtout les exagérations. Elle se révèle à nous, d'ailleurs, dans son charme. Il semble qu'elle veuille rebrousser vers les temps héroïques d'un passé qui l'enchante, tandis qu'une curiosité ardente, passionnée, irrésistible, l'entraîne vers l'avenir.

Prenant au sérieux la mission que nous nous sommes donnée, nous avons suivi le prince, avec une profonde attention, afin de prendre sa nature sur le fait. Nous avons démêlé dans ses tendances un pessimisme affectueux, la haine instinctive de tout ce qui est méchant, vil, hypocrite ou rapace ; une mélancolie habituelle, comme chez la plupart des poëtes, entremêlée de retours vers une expansion sympathique, et le goût de la recherche assidue, dans les autres, des qualités exceptionnelles qu'il possède lui-même.

Il faut avouer que dans notre siècle, qui a vu et voit encore passer tant d'égoïstes, de serviles, de satisfaits, d'intrigants, d'incrédules, rien n'est plus noble, rien n'est plus digne que la fière tristesse de Pierre-Napoléon.

Il est improvisateur très-distingué. Jamais sa parole n'a plus de force que lorsqu'elle s'élance sans préparation, spontanée, comme l'eau du rocher. Il appelle l'inspiration, et dès qu'elle est venue, il s'abandonne avec délices à son courant. Il lui arrive parfois, dans la chaleur du discours, d'émettre de hardis paradoxes, mais il est difficile que le torrent qui déborde, impétueux, ne trouble pas un peu la pureté de ses eaux.

Pierre-Napoléon a le talent de rendre intéressantes les questions les plus arides, en y faisant jaillir de nombreux éclairs de verve et de bon sens.

Il est, cependant, en désaccord avec une partie des doctrines et des principes généralement adoptés par ses contemporains.

Ce serait une étude bien curieuse, d'un vif intérêt et d'une utilité relative, que d'énumérer, dans cet ouvrage, les choses de notre temps qui le choquent, l'irritent et l'inquiètent. Nous renonçons à regret à cette étude physiologique, qui dépasserait notre cadre et ne serait pas sans inconvénient peut-être !

Le prince a des idées larges, généreuses, héroïques, mais quelquefois trop sévères contre certains hommes et certains événements de notre époque, dont il croit avoir à se plaindre. Où les optimistes exaltés ne voient que miracles et matière à apothéoses, il aperçoit, lui, un peu sceptique de sa nature, beaucoup de périls et de nombreuses défaillances.

Nous ne pousserons pas plus loin cette dernière remarque, car le terrain de la personnalité est si brûlant, qu'à moins d'une nécessité absolue, il n'est pas sage de s'y aventurer.

Penseur des plus forts et des plus fins, formulant son opinion d'après sa conscience, le fils de Lucien ne se laisse dominer par aucun respect humain, et, pas plus en politique qu'en littérature, jamais il n'a signé de certificat de complaisance à personne.

D'un esprit vif, ardent, enjoué, tendre et mélancolique, tour à tour, il subit, nouveau Protée, toutes les métamorphoses que lui commande sa fantaisie; et la même plume qui roucoulait, tout à l'heure, une idylle amoureuse, va écrire, sous la dictée de la colère, de mordantes épigrammes.

Bien que son cœur soit ouvert aux sentiments évangéliques et sa main à la charité, il ne voit ordinairement de la médaille humaine que le vilain côté. Aussi, il a plus de propension au blâme qu'à l'éloge; et, par suite de l'élégance de sa parole et de la piquante variété de son style, ses épigrammes, ses sarcasmes sont des flèches barbelées, qui frappent droit au but et s'y implantent. Tel mot, tombé de sa plume ou de sa bouche, est, pour celui-ci, un grain de sable qui l'éborgne un instant ; pour celui-là, un pavé qui l'écrase ; c'est la lame affilée qui emporte la pièce , ou le fer du chirurgien, qui se promène à travers les chairs vives pour les guérir. Toutes les fois que l'occasion s'en présente, et elle se présente souvent, il cingle aussi de vigoureux coups de cravache le mauvais goût et l'outrecuidance ridicule.

Nous avons été en mesure de nous en assurer, en consultant les cartons où le prince jette ses notes, qu'il prend partout et au hasard, comme le peintre ébauche les fantaisies, dont il se servira plus tard pour ses grandes compositions.

Dans ces croquis, dans ces essais poétiques, on trouve des contrastes bizarres, des couleurs accentuées, des idées qui se font la grimace et semblent stupéfaites de se trouver ensemble. Tout cela peut pécher, sans doute, par quelque disparate, mais la forme en est irréprochable. A côté de boutades philosophiques, dignes de Montaigne et de Labruyère, on rencontre des études historiques, qui ouvrent à l'avenir de magnifiques horizons. Ce sont de véritables chefs-d'œuvre, où la variété du style a cela d'admirable qu'elle ne choque jamais le goût ni la raison. En lisant ces différentes compositions, il nous a semblé passer insensiblement de Victor Hugo à Lamartine, et après avoir lu du Voltaire au *recto*, trouver du Balzac au *verso* d'un feuillet, sans nous apercevoir de la transition.

Les auteurs d'un talent réel n'obtiennent pas toujours, et jamais sans peine, l'estime du public. Il faut qu'au

mérite de l'œuvre s'allie la considération qu'inspire
l'ouvrier. Comme le dit Cicéron dans sa correspon-
dance, le client est mieux défendu par la probité que
par l'éloquence de son avocat. Il faut que sous les
grâces du style, on sente une conscience honnête. Il
existe, entre l'écrivain sévère à lui-même et le lecteur
intelligent, une convention tacite dont ils tirent profit
tous deux. C'est ainsi que le public encourage les
chercheurs d'idées, qui lui consacrent leurs veilles, et
que ceux-ci redoublent de zèle et rivalisent d'efforts,
pour justifier la confiance qu'ils commandent, et
accroître leur autorité.

Les œuvres de Pierre-Napoléon Bonaparte sont dans
les conditions que nous voulons.

Elles nous ont semblé le fruit de longues médita-
tions ; elles paraissent toutes, — même les plus légères,
— fouillées à loisir, ciselées avec un soin inexorable.
On dirait que l'amour paternel n'a jamais égaré l'auteur, et qu'il a eu, au besoin, le courage de mutiler
ses enfants. Les conseils de l'*Art poétique* n'ont, sans
doute, pas été perdus pour lui, et il se sera souvenu à
propos de ces vers, trop souvent méconnus par les
rimeurs de nos jours :

> « Vingt fois sur le métier remettez votre ouvrage,
> « Polissez-le sans cesse, et le repolissez,
> « Ajoutez quelquefois et souvent effacez. »

Aussi, quand ces travaux subissent l'épreuve de la
publicité, ils peuvent supporter sans danger l'examen
des Aristarques les plus sévères et les plus pointilleux.

Le génie est de la patience, a écrit quelqu'un dont le nom nous échappe. Nous ne sommes pas précisément de cet avis, tout en avouant qu'avec de la persévérance et du goût on approche de la perfection, merle blanc qu'il est bien difficile, sinon impossible, d'atteindre.

Le sentiment du beau, un grand besoin de progrès, se manifestent dans l'ensemble des productions de Pierre-Napoléon Bonaparte, même dans ses premiers essais.

———————

# CHAPITRE PREMIER

Le prince Pierre-Napoléon Bonaparte est né à Rome, le 11 octobre 1815. Parler de son origine serait une superfétation presque ridicule. Le nom qu'il porte est un de ces noms rares qui sillonnent une époque, comme des météores, et devant lesquels s'incline l'univers. Nous nous bornerons donc à constater qu'il a l'honneur d'être le fils d'un homme trois fois éminent parmi les plus illustres du xix<sup>e</sup> siècle, comme citoyen, poëte et orateur, Lucien Bonaparte, frère de Napoléon I<sup>er</sup>.

Le président du Conseil des Cinq-Cents mérite de figurer au rang des héros de Plutarque. Le souvenir de ses vertus stoïques est impérissable en France. Les historiens, les orateurs et les philosophes peuvent le désigner comme modèle, ou le prendre pour point de comparaison, toutes les fois qu'il s'agit de donner des leçons de loyauté, de courage et surtout de désintéressement. La calomnie s'est arrêtée elle-même devant l'élévation de son talent, la dignité de son caractère, et le serpent vaincu a respecté la lime.

Cette barre d'acier bien trempé, — pour nous servir d'une expression populaire qui lui fut souvent appliquée, — résista toujours au marteau des circonstances ; le concours de Lucien ne fut donc pas aussi actif qu'il aurait pu l'être, sous le premier empire, si ce grand citoyen avait été plus souple et plus maniable. Il ne s'en montra pas moins sublime, car sa conscience était d'accord avec son cœur, dans les deux périodes, fatalement célèbres, de l'existence politique de son auguste frère.

Au 18 brumaire, il mit bravement, le premier, le feu aux poudres, et voyant, dans le général Bonaparte, le dernier espoir de la France aux abois, lui fit un rempart de son talent et de son corps.

En 1815, à l'heure des défections, de la peur, des lâchetés, il sortit fièrement de la pénombre où il était resté, et se montra, à son déclin, un des défenseurs dévoués de l'astre qui ne l'avait pas ébloui, quand il brillait au zénith.

Il a laissé de dignes héritiers de ses vertus, de ses talents, de son courage, qui vénèrent sa mémoire, en marchant sur sa trace. Comme lui, ils ne reculeraient devant aucun sacrifice ; comme lui, ils seraient prêts à verser leur sang jusqu'à la dernière goutte, pour défendre la France et l'Empereur, si l'avenir menaçait des causes saintes, si étroitement unies dans leurs cœurs dévoués.

Dès sa plus tendre enfance, le prince Pierre-Napoléon montra le germe des précieuses qualités que devaient développer la jeunesse et mettre à profit l'âge mûr. Il était vif, intelligent, plein d'entrain, de feu, de résolution, aimant déjà avec ardeur ses proches et les jeunes compagnons de ses jeux. Il eût été d'une naissance obscure, au lieu d'appartenir à d'illustres parents, qu'un observateur impartial aurait prédit qu'il sortirait de la foule.

Des mains affectueuses d'une mère adorée il passa dans celles de son père, qui ne voulut confier à personne sa première éducation, cette base de granit sur laquelle s'édifie l'avenir. A l'âge de quatorze ans, Pierre-Napoléon, alors à Canino, résidence de sa famille, eut pour professeur l'abbé Casanova. Après avoir guidé les premiers pas du prince dans les belles-lettres, le digne ecclésiastique a constamment suivi sa fortune. A l'heure où nous écrivons ces lignes, il est encore son ami de confiance. Cette fidélité dans leurs affections intimes fait, — sans qu'il soit besoin d'insister davantage, — le plus sincère éloge du maître et de l'élève.

Plus tard, Pierre-Napoléon gravit les sommets escarpés de la science, sous la direction du révérend père Maurice de Brescia, un des plus doctes hommes de l'Italie d'alors. Le pape Pie VII l'avait désigné lui-même à Lucien Bonaparte, comme possédant toutes les aptitudes nécessaires à la mission qu'il devait accomplir.

Le souvenir de ce vénérable prêtre est devenu légendaire à Brescia.

Avec des dispositions naturelles et les leçons d'un pareil maître, il était impossible que le prince ne fît pas de rapides progrès. Dévorant, avec avidité, les fruits de l'arbre de la science, il acquit cette instruction solide, inaltérable, que la poésie illumina bientôt de ses divins rayons. La muse était, du reste, comme la fée de sa famille dont elle charmait le foyer par ses douces chansons. Les langues anciennes et modernes et les sciences exactes lui devinrent bientôt familières ; et en étudiant, outre les faits chronologiques, la philosophie de l'histoire, il put bientôt se familiariser avec les hommes des temps passés et des temps modernes, en parlant à chacun son idiome naturel.

Les haines politiques qui poursuivaient sa famille jusque dans son exil forcèrent inopinément le prince à s'éloigner de sa chère Italie. — Ses persécuteurs implacables redoutaient l'ardeur de son patriotisme et son énergie, dont ils avaient eu des preuves toutes récentes. Leurs espions l'avaient vu traquer dans les États romains, et principalement au fond des Maremmes, comme des loups dans leur tanière, des bandes de brigands qui avaient reculé devant sa jeune audace. Partageant l'enthousiasme de son frère Paul-Marie, mort en Grèce, dans les rangs des philhellènes (1), il brûlait de ce feu sacré qui dévore toutes les distances, tous

(1) Le prince Paul-Marie était le second fils de Lucien Bonaparte. — Déterminé, infatigable, il s'embarqua à Ancône, au mois de mars 1827, et se dirigea vers la Grèce, pour lui offrir ses services, comme volontaire. Tout le monde admirait sa bravoure, et on le citait comme un exemple digne d'être imité. Il mourut à l'âge de 19 ans !

les obstacles, et, aux heures de la lutte, fait les héros, au besoin les martyrs. L'occasion seule lui manquait pour manifester sa bouillante ardeur.

Dès cette époque, le prince manifesta hautement sa haine contre la tyrannie, et son amour pour la liberté. La jeune Italie, sûre, désormais, d'avoir, dans le jeune Bonaparte, un adepte de son apostolat en faveur des peuples opprimés, eut les yeux sur lui et le mit au rang de ses futurs généraux. L'inaction, dès lors, lui devint insupportable.

Le mouvement italien de 1831 lui fournit l'occasion tant souhaitée. Trompant la vigilance de sa famille, désireuse de le tenir, au moins, pour le moment, à l'écart de l'agitation, il quitta secrètement la maison paternelle, et se dirigea vers la Toscane, avec l'intention de se rendre au camp des insurgés. La police, avertie de son départ et de son dessein, l'arrêta, au moment même où il arrivait à sa destination. Il chercha d'abord à se défendre et dut céder au nombre. Conduit à Livourne et enfermé dans le fort de cette ville, il y resta pendant six mois. C'est au bout de ce temps seulement qu'il fut rendu à sa famille et à ses nombreux amis. Il voulut retourner, d'abord, comme l'oiseau à son nid, dans les États Romains. Les frontières lui en furent interdites.

Il ne restait donc plus au prince que le choix d'un second exil, et il n'avait pas encore atteint sa dix-septième année. Il donna la préférence aux États-Unis et prit passage, au mois de janvier 1832, à bord d'un brick de commerce américain. Il débarqua à New-

York, après cinquante-six jours d'une navigation péni-
ble et dangereuse, qui faillit finir par un naufrage.

Le séjour de Pierre-Napoléon dans la grande cité
américaine fut de très-courte durée. Il la quitta bientôt,
pour se rendre près de son oncle, le roi Joseph qui,
depuis 1815, avait établi sa résidence à Pointe-Breeze,
sur la Delaware, entre Philadelphie et New-York.

Le mois d'avril 1832 venait de commencer. Après
d'interminables combats de détail, dans lesquels leur
sang et leur or avaient inutilement coulé, les républiques de la Nouvelle-Grenade et de l'Équateur se dispo-
saient à une dernière lutte, à une bataille décisive. Le
général Santander, alors aux États-Unis, était un des
amis intimes du roi Joseph. Le jeune lion avait tressailli
au cri de guerre, et impatient de l'inaction à laquelle
le condamnait l'exil de sa famille, il supplia son oncle
de demander, pour lui, du service dans l'armée de la
Nouvelle-Grenade. Le roi Joseph se rendit à son désir,
et le général Santander s'empressa d'accepter le jeune
brave, dont le nom devait électriser ses troupes, et
l'épée les conduire à la victoire.

Voici la teneur textuelle de la nomination que
Pierre-Napoléon reçut, le 16 juillet 1832, en débar-
quant à Sainte-Marthe :

« Monsieur le Prince,

« J'ai l'honneur de vous informer que je vous ai
« admis dans l'armée de la Nouvelle-Grenade, avec
« le grade et les insignes de chef d'escadron, jus-

« qu'à ce que le pouvoir législatif, en exécution de la
« loi, approuve cette nomination.

        « *Le Président élu de l'État,*
           « Général SANTANDER. »

Le président de la Nouvelle-Grenade, qui se connaissait en hommes, attacha le prince à sa personne,
en qualité d'aide de camp. Il n'eut qu'à se louer de
cette preuve d'estime et de confiance, car le dévouement et le courage du jeune commandant ne se dé-
mentirent pas une minute. Barranquilla, Carthagena
et Mahates, le virent tour à tour aux côtés de son
général. Ils établirent, ensuite, leurs quartiers à San-
Antonio de Cucuta, au pied de la Cordillère des Andes,
après avoir remonté le Magdalena, jusqu'à Puerto-
d'Ocaña. Au mois d'octobre suivant, ils entrèrent dans
la ville de Santa-Fé de Bogota, après avoir parcouru,
à travers mille obstacles naturels, au moins trois cents
lieues de terrain, où se développent, sur une sauvage
échelle, Pamplona, El Socorro, Chiquinquira et
Zipaquira.

Santander, qui avait pu apprécier ses mérites et
son intrépidité, désirait vivement le conserver au service de la Colombie. Le prince était à la veille d'accepter ; mais de l'autre côté de l'Atlantique, comme sur
les bords de la Méditerranée, la politique des cabinets
européens lui fit sentir encore sa fatale influence.

Pierre-Napoléon ne tarda pas à être instruit des
honteuses intrigues dont il était le but et la victime,
et, en janvier 1833, il débarqua à New-York.

Deux lettres l'attendaient au port. La première annonçait la mort prématurée du roi de Rome. La seconde, reçue à deux jours d'intervalle, portait la signature de Lucien Bonaparte.

Nous reproduisons cette lettre, qui n'a pas besoin de commentaires :

« Canino, le 15 novembre 1832.

« Nous recevons enfin, mon cher Pierre, une de
« tes lettres d'Amérique. Tu sembles craindre que je
« n'approuve pas ton départ pour la Colombie. Au
« contraire, je l'approuve fort. J'estime beaucoup le
« général-président de cette république, et je ne crois
« pas que tu puisses mieux faire que de t'attacher à
« lui et à la Colombie, jusqu'à ce que la Providence
« redonne à notre belle France un gouvernement ré-
« publicain. Cet avenir est loin d'être impossible. Les
« idées de Brumaire reprennent leur éclat dans notre
« patrie. On sait que la république consulaire, que
« j'avais fondée plus que personne, était la véritable,
« la seule ancre de salut pour la France ; on y revient
« à grands pas tous les jours. Dans ce cas, et dans ce
« cas seul, je te conseillerais de quitter la Colombi e.

« Attire-toi l'estime de tes nouveaux concitoyens,
« et réponds, par ta conduite, à ton nom et à l'amitié
« de ton chef, à qui tu présenteras mes compliments
« affectueux et mes remercîments pour la bienveil-
« lance qu'il témoigne à mon cher Pierre—Napoléon.
« Tu n'es plus dans des pays où ce beau nom soit pé-
« rilleux à qui le porte ; j'approuve fort que tu t'en
« pares.

« Maman t'embrasse tendrement ainsi que les pe-
« tites. Maman ne peut s'accoutumer à ton silence...
« Elle doute quelquefois de ton cœur... Tristes pen-
« sées pour une mère !

« Antoine n'a pas trouvé Joseph, et on m'écrit qu'il
« va revenir en Europe ! Hélas ! qu'y faire à présent ?
« J'aurais bien désiré qu'il suivît ton exemple.
« Puisses-tu te faire une carrière honorable !

« Je vais partir pour Londres, où Joseph s'est établi.
« Je ne suis pas en état de te faire cent piastres par
« mois. Je verrai avec Joseph, à Londres, d'arranger
« tes affaires. Si je puis vendre quelque chose, je
« serai bien content de te faire passer ce que je pour-
« rai. Ainsi, tu ne peux pas encore compter sur autre
« chose que sur tes quarante piastres, dont les fonds
« sont faits. La Providence me mettra à même, j'es-
« père, bientôt, de pouvoir vous aider comme je le
« désire.

« Nous t'embrassons de tout notre cœur, et te don-
« nons, maman et moi, notre bénédiction la plus
« compléte. Puisse notre cher fils avancer dans sa
« carrière, et nous rendre glorieux de ses succès!

« Ton papa,

« LUCIEN BONAPARTE. »

Après un séjour de quelques mois à New-York,
Pierre-Napoléon se décida à regagner l'Europe et à
rejoindre, en Italie, sa famille. Le gouvernement du
pape l'autorisa à se fixer à Canino, dans les Maremmes
romaines, avec son frère, le prince Antoine.

4

# CHAPITRE II

Nous avons vu, dans le premier chapitre de cette biographie, la haine implacable des monarques franchir la mer et atteindre Pierre-Napoléon aux confins de la jeune Amérique. Les déceptions, les malheurs du proscrit étaient loin de toucher à leur terme.

La patriotique levée de boucliers de la Romagne avait frappé d'effroi le cabinet de Vienne.

Pierre-Napoléon s'était tranquillement installé dans le domaine de Canino, n'ayant d'autres occupations, d'autre bonheur que la poésie et l'étude de l'histoire, ni d'autre plaisir que la chasse, devenue pour lui une véritable passion.

Deux années s'écoulèrent dans le repos le plus absolu pour Pierre-Napoléon, partagé entre les entretiens si doux de la muse, et les vœux qu'il ne cessait de former pour le triomphe de la cause des peuples, à laquelle il avait déjà vaillamment consacré son épée et sa plume.

Ce temps d'arrêt fut employé à la composition, en français et en italien, langues également familières à l'auteur, d'un nombre considérable de pièces de vers, réunies, depuis, en volume et publiées sous le titre modeste de *Loisirs*. Plusieurs de ces morceaux se détachent surtout des autres par l'énergie pittoresque du style et les teintes chaudement accusées de la couleur locale.

Déjà en 1827, — *il n'avait pas encore accompli sa douzième année*, — le prince avait écrit des sonnets, qu'on relit aujourd'hui avec plaisir, même sans faire à l'inexpérience de l'âge une trop large part. Le jeune aiglon, avide de prendre son essor, sentait pousser ses ailes.

Certes, des auteurs de vingt ans, brisés au mécanisme du rhythme italien et ayant reçu du ciel l'influence secrète dont parle Boileau dans son *Art poétique*, auraient été heureux et fiers de placer leur signature au bas des pièces de vers dont les titres suivent, et qui portent la date de Sinigaglia et de Musignano :

*Desiderio.* — *La morte di Teudone.* — *In morte d'una fanciulla.* — *Adriano e Filomena.* — *Il cervo ad fonte.* — *Il furore d'Orlando.*

Nous avons laissé Pierre-Napoléon se livrant, sans regrets du passé, sans souci de l'avenir, à la culture des lettres.

La *mère des rois*, Lætitia Bonaparte, son aïeule, expira, après une courte maladie, à l'âge de quatre-vingt-six ans, le 26 avril 1836, entre les bras du cardinal Fesch et de la princesse de Canino, en bénissant, comme la femme forte de l'Écriture, les membres de sa famille dont elle était adorée, et qui étaient accouru en toute hâte, pour assister à son heure suprème.

Cette douleur de famille n'était que le début des tribulations réservées au prince Pierre-Napoléon, dans un très-prochain avenir. — De lâches calomniateurs malheureusement placés assez haut, par leur naissance et leur fortune, pour pénétrer dans les conseils de Grégoire XVI, inspirèrent au pape des craintes absurdes sur le séjour des deux fils de Lucien Bonaparte dans les États Romains. On présenta aux yeux prévenus du pontife les princes Pierre-Napoléon et Antoine comme des chefs de carbonari, des affiliés à la société secrète de la Jeune Italie, prêts à abuser de leur influence sur les populations des Maremmes, pour les appeler à la révolte et marcher à leur tête. Cette insinuation était d'autant plus perfidement ridicule, que les nobles proscrits n'avaient négligé aucune occasion de faire acte de citoyens français, et qu'ils se considéraient seulement comme les hôtes de l'Italie. Leurs vœux les plus ardents, les plus sincères étaient certainement pour ce pays, agonisant sous le joug étranger; mais ils comprenaient, ils disaient à qui voulait l'entendre que leur sang et leurs bras appartenaient, avant tout, à la France. Leur profession de foi, pour le passé, le présent et l'avenir, fut nettement formulée en 1830, dans quelques paroles qui sont du domaine de l'histoire :

« La France est libre enfin. — La route de la patrie « est ouverte. N'importe comment, nous la suivrons. »

Les jeunes princes durent, encore une fois, courber

la tête sous l'inexorable loi de la nécessité, et s'éloigner de leur mère, affligée et malade, sans savoir s'ils reverraient jamais le foyer paternel. Mais un grave incident eut lieu alors ! Des sbires attirèrent Pierre-Napoléon dans un guet-apens, le frappèrent à la tête ! Il se défendit comme un lion. On le jeta dans une prison de Rome.

Le 7 février 1837, après une captivité de neuf mois et demi, le prince sortit du château Saint-Ange et alla s'embarquer pour l'Amérique, où se trouvait déjà une partie de sa famille. Le poëte avait reçu, dans sa prison, de fréquentes visites de la muse, consolatrice des proscrits et des captifs. Il avait tracé, sous son inspiration, un tableau pittoresque des mœurs des Maremmes, intitulé : *La Rosa di Castro*. Il composa, à la même époque, des œuvres diverses, au nombre desquelles on cite, avec éloge, *Il 3 maggio*, *La Prigione*, *L'Ultimo canto del prigione*, *A mia madre*, etc., etc.

Pierre-Napoléon, en touchant la rive étrangère, y trouva, comme il s'y était attendu, deux princes de sa maison. C'étaient Louis-Napoléon, dont l'entreprise de Strasbourg n'avait pas réussi, et le prince Lucien Murat. Les deux Bonaparte vécurent ensemble. Il est si doux de se revoir, et on s'aime si bien, loin de la chère patrie !

Nous terminerons ce chapitre par deux anecdotes inédites.

Le prince Louis, aujourd'hui Napoléon III, portait à son cousin Pierre-Napoléon une affection très-vive. On les rencontrait souvent, se donnant le bras.

Un soir qu'ils parcouraient les rues de New-York, le fils de la reine Hortense avisa, sur l'enseigne d'un changeur, ces mots écrits en anglais :

« *Ici, on demande des napoléons pour des souverains.* »

Le souverain, ou livre sterling, comme chacun sait, est une monnaie d'or de la Grande-Bretagne, qui a cours sur toutes les places.

— Quant à moi, je ne demande pas mieux, dit le futur empereur, avec ce fin sourire qu'on lui connaît.

A quelques jours de là, les deux cousins traversaient un *square*, quand le prince Louis fut brutalement heurté par des hommes auxquels l'usage immodéré d'une boisson alcoolique avait, sans doute, ôté une partie de la raison. Quoique bien mis, ils se montrèrent d'une grossièreté et d'une impertinence intolérables ; un d'eux proférait des menaces, lorsque, prompt comme l'éclair, Pierre-Napoléon lui porta un vigoureux coup de canne.

Les illustres voyageurs furent arrêtés incontinent et conduits devant des magistrats, établis en permanence dans les principaux quartiers. L'*incognito* des deux princes fut probablement trahi, car on se contenta de leur demander caution. Le futur chef de l'Empire français offrit celle d'un proche parent d'un ancien président des États-Unis, et l'affaire n'eut pas d'autres suites.

———

## CHAPITRE III

Pierre-Napoléon Bonaparte, retrouvant en Amérique ses cousins, exilés comme lui, avait résolu d'y former un établissement.

Après de courtes pérégrinations à travers les intéressantes contrées qui entourent New-York et Philadelphie, le prince n'eut plus qu'un but, un désir, une pensée : son retour en Europe. Il regagna donc la Grande-Bretagne, où il fut reçu par son oncle, le roi Joseph, qui avait, depuis trois ans, établi sa résidence à Londres.

Après quelques mois de repos, au sein des douces joies de la famille, dévoré par cette fièvre de la jeunesse, ce besoin d'apprendre, cette soif de l'inconnu qui poussent en avant les natures ardentes, Pierre-Napoléon, — il avait alors vingt-trois ans, — conçut le projet de visiter les Iles Ioniennes, la Grèce et la Turquie, ces vieilles terres de l'héroïsme, ce berceau des muses, qui avaient si souvent parlé à sa jeune imagination.

Fortifié par les malheurs du passé, — surtout depuis

1831, — contre les adversités que lui gardait l'avenir,
il entrait fièrement dans une vie d'aventures. Le goût
des voyages n'avait point éteint chez lui l'amour de la
science et de la poésie. — Quel que fût son séjour, il
n'en maniait pas avec moins d'ardeur et de succès le
compas et la lyre. — Sa puissante organisation suffisait
à tout, même aux plus violents exercices du corps.

Dans les premiers jours de février 1838, il s'embarqua pour l'archipel ionien. Son intention primitive
n'était, pour ainsi dire, que de faire escale dans ces
îles. Des circonstances imprévues l'y retinrent, et il
s'installa, jusqu'à nouvel ordre, dans un cottage près
de Saint-Etienne-de-Karagol, non loin de la ville de
Corfou.

Sa résidence dans la première étape de son itiné-
naire fut signalée par un conflit.

Voici exactement, et d'après des pièces authenti-
ques, comment se sont passées les choses :

Corfou n'est séparé que par un canal étroit de l'Albanie, qui abonde en gibier, poil et plume, de toute
sorte. Les notables des Iles Ioniennes et les officiers de
leurs garnisons profitaient du voisinage pour faire de
fréquentes parties de chasse. Pierre-Napoléon, pas-
sionné, ainsi qu'on l'a vu plus haut, pour cet exercice,
désira se joindre à leurs expéditions cynégétiques, et
son désir fut accueilli d'une façon toute hospita-
lière.

On l'avertit, cependant, que les côtes de l'Albanie
étaient loin d'être sûres. Ses habitants se livrent, en
pleine paix, à de nombreux actes de brigandage ; et

ils ne reculent pas devant le meurtre pour assurer l'impunité de leurs déprédations.

· On lui raconta, pour l'engager à redoubler de prudence, que les bandits avaient fait feu, récemment, sur le fils d'un général anglais, et, quelques jours avant, attaqué, dans un bois où ils chassaient, plusieurs officiers de la garnison, qui n'avaient pu se tirer de là qu'avec de grandes difficultés.

Ces récits, au lieu d'exciter ses alarmes, stimulèrent sa curieuse impatience. Le 6 février 1838, il s'embarqua sur une tartane de Corfou, montée par neuf personnes, dont deux étaient des gardes sanitaires. Par une mer tranquille et un magnifique soleil, il prit terre au fond de l'anse de Pargagna, vers la hauteur de Conispoli.

L'air du matin avait excité son appétit, et avant de se mettre en chasse, il s'était installé à l'ombre d'un bouquet de lauriers-roses et se disposait à faire honneur aux provisions que ses compagnons d'aventures s'étaient empressés d'étaler sur le sable. Le repas, égayé par d'excellent bordeaux, touchait à son terme, lorsqu'un des gardes sanitaires, qui n'avait pas cessé de surveiller la mer, se leva tout à coup, et d'un doigt tremblant désigna le point de la côte où les chasseurs venaient de débarquer.

— Qu'y a-t-il, mon garçon? dit le prince sans perdre un coup de dent ni une rasade, en riant malgré lui de la mine comique de son guide.

— Regardez, monseigneur, continue le garde d'une voix saccadée par la peur.

4.

Le prince tourne les yeux vers l'endroit indiqué et voit, en effet, deux grands diables à mine sinistre, armés de pistolets et de yatagans, s'élancer sur le rivage du frêle bateau qui les y a conduits.

— Quels sont ces drôles, demande Pierre-Napoléon, et que nous veulent-ils ?

— Des Albanais, monseigneur, répond le garde dont l'effroi augmente, et de la pire espèce. J'en connais un. Le mécréant couperait la tête à son père, s'il trouvait à la vendre.

— Nous sommes neuf contre deux ; qu'avons-nous à craindre ?

— Tout, monseigneur ; d'abord ils connaissent la côte, et ils rallieront d'autres forbans.

— Mais je suis armé.

— Que pourrait faire ce joujou de chasse contre leurs espingoles et leurs longues carabines ?

— Bah ! tu t'exagères le danger.

— Croyez-en mon expérience, prince ; du reste, vous ne pouvez pas plus compter sur ces marins...

— Que sur toi et ton camarade, n'est-ce pas ?

— Nous sommes pères de famille, monseigneur.

— Et de fiers poltrons par-dessus le marché.

— A quoi bon tenter une résistance inutile ?... Ces deux brigands ne sont pas seuls ; je connais leurs habitudes, et nous aurons, au premier coup de feu, toute la bande à nos trousses.

Pendant ce colloque, les Albanais avaient gagné du terrain, et les gardes sanitaires, dont la mission était d'empêcher tout contact entre les indigènes et les chasseurs, se portèrent en avant, non sans donner des marques d'une vive frayeur.

— Halte-là ! au nom de la loi et de l'Angleterre ! dit l'interlocuteur du prince, cherchant à se maintenir sur ses jarrets tremblants.

Les Albanais, qui se soucient aussi peu de la loi et de l'Angleterre que de la fumée de leurs chibouques, continuent à se diriger vers Pierre-Napoléon, vivement intéressé par cette scène, qui a pour lui l'attrait de l'imprévu et de la nouveauté.

Les gardes tentent un dernier effort, et, pendant que le prince apprête son arme, le seul secours sur lequel il puisse raisonnablement compter, ils offrent aux bandits de l'argent et des provisions, objets de leur féroce convoitise. Les Albanais répondent à ces offres par des provocations, des menaces et de sardoniques éclats de rire. Il fallait, en effet, bien peu les connaître pour les croire capables de se contenter d'une part du butin qu'ils pouvaient dérober tout entier, en assassinant ses légitimes propriétaires.

Pierre-Napoléon, désireux d'éviter, moins pour lui que pour ses compagnons, une lutte dangereuse et après tout inutile, donna l'ordre de regagner le rivage, pour retourner à Corfou. Dès qu'ils devinent son intention, les bandits s'élancent vers le prince, dont ils ne sont bientôt plus séparés que par une faible distance, et deux coups de pistolet partent en même temps. Une balle passe entre le prince et un garde sans les atteindre. On touche à un de ces moments suprêmes où la vie ne tient qu'au plus éphémère des incidents, à un souffle, à un fil. Les marins, ainsi que les gardes sanitaires, sont sans armes, et quand ils en auraient, l'effroi qui les glace les empêcherait de s'en servir.

Le salut de la petite troupe reposait donc uniquement sur la bravoure et le sang-froid de Pierre-Napoléon.

Il ne faillit pas à sa tâche ; son bras et son œil conservent leur sûreté. Il ajuste ses ennemis, lâche ses deux coups, dont un, qui fait balle, était chargé de petit plomb; les agresseurs tombent mortellement atteints.

— Au canot, maintenant, vite au canot ! s'écrie le prince, comprenant l'importance d'une minute.

Ses compagnons, revenus de leur surprise, retrouvent l'élasticité de leurs jambes et se rembarquent précipitamment.

— Ferme, enfants, et au large! continue Pierre-Napoléon, de la même voix vibrante. Notre vie à tous est au bout de vos rames !

L'ordre est exécuté, mais difficilement. La baie de Pargagna est sillonnée par des courants qui en rendent la sortie difficile. Les matelots ont en outre à lutter contre un vent d'ouest qui se lève et les repousse vers la terre.

Ainsi que l'avait prévu le garde, la détonation des armes à feu avait donné l'éveil à d'autres détrousseurs albanais, qui étaient, en foule, descendus de leurs montagnes. Éparpillés sur la côte, ils dirigent un feu

continu sur la petite embarcation, en l'accompagnant
de vociférations bizarres.

Pierre-Napoléon, fièrement debout à l'avant, encourage ses compagnons par la parole et par
l'exemple. Il leur fait à tous un rempart de sa noble
poitrine, et autour de lui, le plomb ennemi siffle sans
l'effleurer. C'est à croire que, dans cette rencontre,
comme dans le guet-apens des carabiniers romains,
une influence providentielle a, pour l'avenir, sauve-
gardé ses jours.

Après une lutte acharnée contre les éléments et les
hommes, la barque, barre dessous, file vers la haute
mer.

Alors seulement on respire, on se compte, on se
tâte. Pas un mort, pas un blessé, les flancs et les
agrès de l'embarcation sont seuls labourés par les
balles.

Le prince et ses compagnons avaient à peine touché
terre, que la nouvelle de leur aventure se répandit
dans l'île avec la rapidité de l'étincelle électrique.

Plusieurs officiers de la garnison, et les notables de
Corfou, se portèrent simultanément au-devant du
prince, et lui firent cortége jusqu'à son hôtel, à travers la foule, jalouse d'admirer le héros d'une prouesse
dont les détails volaient de bouche en bouche.

La flagrance de l'attentat des Albanais était telle
qu'on ne pouvait lui opposer la dénégation. Le gouvernement de Corfou, lassé des brigandages incessants
auxquels les habitants des îles étaient en butte, de la
part de leurs farouches voisins, résolut d'y mettre un

terme, en exigeant la punition exemplaire des complices de l'assassinat tenté contre le prince, puisqu'il avait châtié lui-même les principaux coupables.

L'aga de Phtélia, averti par un de ses émissaires du danger dont la tribu était menacée, alla au-devant des représailles, avec une rare impudence, au lieu de chercher à les éviter par des excuses et par la soumission. Il eut l'incroyable audace d'adresser directement au lord haut-commissionnaire, à Corfou, un rapport dénaturant les faits et intervertissant d'une manière complète les rôles du drame de Pargagna.

Dans cette relation farcie d'impostures, le prince et ses compagnons étaient accusés d'avoir, sous un prétexte frivole, attaqué des gens inoffensifs, qui avaient succombé sous le nombre. L'aga demandait réparation, et justice pour leurs familles éplorées. La fin du message était d'une effronterie encore plus excentrique que son début. Le chef albanais déclarait d'une manière péremptoire, que si satisfaction leur était refusée, les amis des victimes avaient résolu de se la donner eux-mêmes. Tous s'étaient engagés à frapper le prince, partout où ils le rencontreraient, même à la face du soleil, sur la place publique de Corfou.

Une copie de cette lettre fut adressée à Pierre-Napoléon, qui n'étant pas, ainsi qu'on l'a vu, homme à se laisser intimider par les menaces, voulut y répondre lui-même, ce qu'il fit en ces termes :

« Le Tout-Puissant, qui dispose des hommes et « des empires, a voulu conserver mon existence dans « votre pays, comme il l'a protégée ailleurs, tout en

« me permettant de punir mes agresseurs. La sympa-
« thie que ces deux voleurs excitent parmi vous prou-
« verait assez, quand même ce ne serait pas connu
« partout, que vous êtes la plus grande canaille de
« l'Europe. Il n'est pas étonnant que vous vous révol-
« tiez contre une réaction légitime, à laquelle chacun
« de vous, par ses criminelles habitudes, est exposé.
« Le gouvernement ionien, à qui vous demandez une
« satisfaction que lui-même aurait le droit d'exiger,
« pour tant d'assassinats et de brigandages dont vous
« avez attristé ces îles, répondra, je n'en doute point,
« comme sa dignité l'exige, par le plus profond mé-
« pris à vos misérables menaces.

« Quant à moi, je ne puis m'empêcher de vous dire
« qu'en tirant sur vos complices, après qu'ils eurent
« tiré sur moi, pour me voler, sans doute, la chaîne
« d'or et la montre que j'avais au cou, je n'ai fait
« qu'exercer le droit de défendre ma vie, droit que la
« loi du Christ et celle de Mahomet donnent égale-
« ment à tous les hommes ;

« Qu'en épousant les intérêts des agresseurs, vous
« prouvez irrévocablement que vous êtes un tas de
« voleurs, d'assassins et de brigands qui n'avez jamais
« su que détrousser les malheureux, poussés vers vous
« par leur mauvaise étoile, et que vous servir en trem-
« blant, derrière vos rochers, des armes que vous êtes
« indignes de porter.

« Enfin, quoique vous soyez la lie du monde entier,
« si c'est d'une satisfaction personnelle que vous par-
« lez, plutôt que d'infâmes attentats, je veux bien

« m'abaisser jusqu'à vous promettre que s'il en est
« parmi vous, fût-il le premier ou le dernier, qui ait
« assez de courage pour se battre corps à corps avec
« moi, je lui prouverai qu'il n'y a pas de supériorité
« que les hommes civilisés ne possèdent sur de misé-
« rables sauvages. Et en vous envoyant ce défi, j'ai
« l'honneur de m'ériger en champion des citoyens
« ioniens que vous avez assassinés. »

L'aga, on devait s'y attendre, resta sourd au chevaleresque appel de Pierre-Napoléon. Le point d'honneur
est un mot vide de sens pour les hommes de sa caste
et de son pays. Ils emploient d'autres armes qui, pour
être aiguisées dans l'ombre, n'en sont pas moins re-
doutables.

Plusieurs Albanais fanatiques jurèrent à leurs chefs
de tuer le prince, et s'introduisirent dans Corfou, afin
d'accomplir leur funeste serment. Trois de ces misérables furent saisis par la police, au moment où ils
allaient se ruer sur leur proie. Des mesures sommaires
furent prises contre eux.

Dès ce moment, le prince vécut au milieu de périls
continuels, de poignards invisibles, incessamment sus-
pendus sur sa tête. L'autorité locale, dans le louable
but d'éviter un crime, chassa de Corfou tous les Albanais suspects, et leur défendit d'y rentrer, sous des
peines extrêmement sévères.

Cet état de choses était trop tendu, pour être de
longue durée. Le prince ne fut donc pas surpris,
quand il reçut, le 10 mars, de Démétrius Servo, une
dépêche qui l'engageait à abréger son séjour aux Iles

Ioniennes, dans le double intérêt de sa sécurité personnelle et de la tranquillité publique. L'administration terminait en mettant à ses ordres un bateau à vapeur de la marine britannique.

L'Italie n'avait donc pas cessé d'être, malgré son éloignement, l'objet de ses veux, de ses regrets, de ses aspirations et le motif de ses chants les plus enthousiastes.

Dans les derniers jours de mars 1838, Pierre-Napoléon quitta Corfou et se rendit à Malte, après un pèlerinage sur les rives de la Morée, l'ancien Péloponèse, dont chaque site rappelait à son imagination, encore empreinte des études classiques, de si intéressants souvenirs.

Le séjour du prince à Malte avait déjà été signalé par un trait de courage d'autant plus méritoire, qu'il se rattachait à un fléau dont l'essence est encore un mystère, et qui, à certaines époques, décime le monde épouvanté.

Le choléra sévissait cruellement à Malte.

Une discussion très-vive s'engagea entre le jeune Bonaparte et le médecin en chef de l'hôpital, sur une question d'un douloureux à-propos. Il s'agissait de savoir si le fléau est contagieux ou seulement endémique. Pierre-Napoléon était chaud partisan de ce dernier système, et pour appuyer son assertion, — peut-être eût-il, en ce moment, un ressouvenir des pestiférés de Jaffa, — il proposa la gageure de toucher les malades les plus incurables. Ce n'est pas dans les possessions de la Grande-Bretagne que de semblables défis

demeurent sans réponse. La gageure du prince fut
acceptée, et il se rendit incontinent à l'hospice, avec
le médecin en chef. Ce fut une vive émotion parmi les
cholériques, avertis de sa présence, et qui sentaient
déjà l'espérance refleurir au fond de leurs cœurs déso-
lés. Le prince s'approcha sans hésiter de chaque lit de
douleur, serra affectueusement la main des malades,
ravis de cet honneur, en présence de tout le service de
santé, et à la vive surprise d'un certain nombre de
témoins étrangers à l'établissement.

De Malte, où son souvenir n'est point encore éteint,
Pierre-Napoléon se rendit à Gibraltar, cette roche es-
pagnole d'où le léopard anglais domine les deux mers.
Il visita ensuite Lisbonne, ses pittoresques environs,
quelques provinces du Portugal et de l'Espagne, puis
il revint en Angleterre. Il n'eut pas de maison à Londres; son séjour n'y fut que provisoire. Au bout de
trois mois, vers la fin de 1838, il regagna le continent.

Son séjour à Bruxelles n'eut qu'une très-courte
durée, car son but principal était d'obtenir du gouvernement belge l'autorisation, qui lui fut accordée,
de se fixer, d'une manière stable, c'est-à-dire jusqu'au
moment où les circonstances l'appelleraient ailleurs, à
Mohimont, dans la province de Luxembourg.

La physionomie politique de cette partie de l'Europe
ne fut peut-être pas étrangère au choix du prince, instinctivement porté vers la carrière des armes. L'inté-
grité du territoire de la Belgique était, selon toutes les
apparences, menacée par la Hollande, encore sous le

coup de ses pertes de 1830, et la guerre entre les deux peuples semblait inévitable.

Le jeune prince, empressé de payer sa dette au pays qui lui donnait l'hospitalité, offrit au roi Léopold l'épée qu'il avait portée avec honneur, quelques années auparavant, dans l'Amérique du Sud.

En agissant de la sorte, l'ex-aide de camp du général Santander n'avait cédé qu'à son bouillant courage, et n'avait pas réfléchi à la fausse position dans laquelle se trouvait le gendre de Louis-Philippe. Le concours du gouvernement français lui était indispensable, dans l'hypothèse probable de la reprise des hostilités, et on avait de fortes raisons pour craindre qu'on ne donnât une couleur politique aux offres loyales et désintéressées du neveu de l'Empereur. On crut donc devoir ne point les accepter.

Et encore, pour adoucir l'amertume d'un refus involontaire, le roi chargea les généraux Daine et Willmar, ce dernier ministre de la guerre, de remercier affectueusement, en son nom personnel, le prince Pierre-Napoléon, et de lui témoigner la gratitude de la Belgique qui n'oublierait pas, à l'occasion, ajouta le roi, cette offre généreuse de … servir.

Cette manifestation était d'autant plus digne de part et d'autre, qu'elle présentait un contraste déplorable avec la conduite du cabinet des Tuileries, envers le prince Louis-Napoléon Bonaparte, de retour des Etats-Unis, et qui, pour obéir au dernier vœu de sa mère mourante, s'était établi au château d'Arenenberg. *Le cher doux entêté* de la reine Hortense, fidèle à son serment, se livrait, dans cette paisible retraite, à l'étude de l'art militaire et de l'économie sociale.

Ce calme stoïque et ces habitudes studieuses n'inspiraient qu'une médiocre confiance aux ministres de la branche cadette des Bourbons. La résidence d'un neveu de Napoléon, héritier présomptif de l'Empire, était si près des frontières françaises, que le gouvernement voyait une épée, non de Damoclès, mais de Bonaparte, prête à jaillir du fourreau.

Pierre-Napoléon, réfugié, à la même époque, dans un coin des Ardennes, cultivait, tour à tour, la poésie et la théorie de la guerre, science vers laquelle il se sentait, comme son cousin Louis, attiré par un aimant irrésistible.

Spirituel, énergique, hardi, d'une conception rapide, d'une constitution robuste, admirablement doué de toutes les manières, le fils de Lucien, le neveu du grand capitaine, aurait pu rendre, dans les armes et les arts libéraux, d'éminents services à son pays, si son origine, au lieu d'être une recommandation, ne s'était dressée devant lui comme un obstacle infranchissable.

L'inactivité à laquelle le condamnait sa naissance, était pour sa juvénile audace un poids insupportable. Il essaya d'en sortir par tous les moyens que l'honneur autorise.

La Belgique ne pouvant accueillir, pour les raisons déduites au commencement de ce chapitre, son épée d'officier, il demanda au gouvernement français d'aller servir en Algérie, avec des épaulettes de laine. En désespoir de cause, il mit, tour à tour, ses services à la disposition du gouvernement du général Espartero, le meilleur, disait-il, qu'ait jamais eu l'Espagne ; de Méhémet-Ali et du czar Nicolas, sollicitant, comme une faveur, la punition redoutée des officiers moscovites, de faire *une campagne en Circassie.*

Repoussé par la croix, latine et grecque, l'exilé vit s'ouvrir une carrière devant lui, sous le croissant de Mahomet. Le vice-roi d'Égypte venait de lui accorder un grade supérieur dans son état-major ; mais, au moment où, joyeux et plein d'espoir, il allait se rendre à son poste, il fut arrêté par un contre-ordre, conséquence des machinations diplomatiques que nous avons plusieurs fois signalées, pour les flétrir, depuis le début de cette notice.

Les années se succédaient bien lentement, au gré de l'ermite de Mohimont, sans que ses efforts désespérés pussent briser la chaîne d'airain qui retenait sa fougue de lion.

Jamais il n'avait touché le sol français, berceau sacré des braves, qui avait reçu son serment, et pour lequel il aurait voulu verser son sang, eût-il dû y trouver une tombe !

Quelques kilomètres seulement séparaient de la frontière la chaumière de Mohimont.

Un jour, — ce fut un des plus doux, un des plus précieux, un des plus cruels, — un jour, que l'idée de la patrie absente lui donnait le vertige, Pierre-Napoléon, arrivé, pour la centième fois peut-être, sur la lisière des deux pays, s'élance malgré lui d'un seul bond, sans avoir la conscience de son action, de l'autre

côté de la frontière, comprimant les pulsations de son
cœur qui bat à briser sa poitrine ; il se laisse tomber
sur le sol français, le baise religieusement, et cueille
une branche de chêne, qui désormais protégera sa
couche d'exilé, à Mohimont, comme l'olivier bénit le
sain t dimanche des Rameaux.

En 1846 seulement, le ministère français, dont faisait partie l'honorable M. Duchâtel, fils d'un des meilleurs ministres de Napoléon I<sup>er</sup>, l'autorisa à venir à
Paris, pour embrasser sa noble mère, privée de ses
caresses depuis de longues années.

Après les joies ineffables de cette réunion si longtemps espérée, la première visite de l'exilé fut pour le
tombeau du chef de la dynastie impériale. En quittant
le monument où dort César au milieu de ses compagnons d'armes, son neveu, encore sous l'impression
qui électrisait son âme, écrivit à un de ses amis intimes
la lettre dont nous extrayons le passage qu'on va lire,
inséré dans un travail fort remarquable de M. Wou-
ters, biographe de la famille Bonaparte :

« L'illustre général Petit, à la tête de l'état-major
« de l'hôtel, la plus grande partie de nos vétérans étant
« présents, est venu me recevoir et me montrer en
« détail l'honorable refuge que la munificence natio-
« nale offre aux défenseurs du pays. Une foule nom-
« breuse assistait à l'excellent accueil qui m'a été fait,
« et j'ai vu, avec une profonde émotion, que la sym-
« pathie pour le nom de l'Empereur et de mon père
« n'est pas seulement dans le cœur des héroïques
« soldats d'une autre génération, mais aussi dans celui

« de la génération à laquelle nous appartenons. Que
« vous dirai-je du tombeau du grand homme et du
« profond sentiment d'enthousiasme et de tristesse
« qui m'a saisi, lorsque, debout devant tout ce qui
« nous reste du grand Messie révolutionnaire, côte à
« côte avec le général Petit, le héros de Fontainebleau,
« je reçus des mains de ce brave la cour
« mortelles qui parait le cercueil sacré ?...

« Après la visite du tombeau, le général Petit et
« ses officiers m'introduisent dans l'appartement
« du commandant de l'hôtel, où les reliques qui
« doivent orner le cercueil une fois placé dans la
« crypte, sont conservées sous la garde immé-
« diate du général Petit. Le chapeau d'Eylau, l'épée, le
« grand-cordon donné par mon oncle Joseph ; je les
« regarde avec le recueillement du pèlerin du moyen
« âge visitant le caveau des apôtres à Saint-Pierre de
« Rome. Le général Petit prend l'épée de Napoléon et
« s'écrie qu'un de ses neveux peut la toucher aussi ; je
« la baise avec émotion, cette épée qui, quoique im-
« périale, n'en fut pas moins l'épée de la démocratie,
« la terreur de la Sainte-Alliance... »

Les scènes qu'il venait de décrire avec tant de vigueur, de bonheur et de charme, semblèrent un rêve
au prince, quand il se réveilla dans son ermitage de
Mohimont, le lendemain de son retour en Belgique.
Les ténèbres sont moins douloureuses à l'aveugle qui,
une fois seulement, a entrevu la lumière, que le sol
étranger à l'exilé qui a humé, pendant quelques heures,
l'air si doux du pays.

Pierre-Napoléon tomba dans un découragement qui aurait eu de funestes conséquences ; mais, soutenu par une indomptable énergie, il lui semblait voir, dans ses poétiques extases, l'étoile de l'Empereur monter de nouveau à l'horizon. Ce présage n'était pas menteur. La proscription des Bonaparte touchait à son terme et ils allaient enfin entendre sonner, à l'horloge de 1848, l'heure du retour dans la patrie.

## CHAPITRE IV

Nous avons eu lieu, plusieurs fois, dans le courant de cette notice, qui a, au moins, le mérite de l'exactitude chronologique des faits, de constater que le prince Pierre-Napoléon Bonaparte avait tenté de grands efforts, pour continuer la carrière des armes.

Quand la guerre éclata entre le Sunderbund et la Diète fédérale, Pierre-Napoléon, au bruit des armes, quitta son ermitage de Mohimont. N'ayant ni la mission, ni le loisir d'apprécier les causes politiques de la lutte, nous nous bornons à suivre le prince. Il s'empressa, tout d'abord, d'aller voir, en Angleterre, son cousin Louis-Napoléon; puis il franchit la frontière helvétique. Le 24 novembre 1847, il arriva à Berne, avec la nouvelle de la prise de Lucerne.

Le surlendemain, il écrivit au général Dufour, commandant en chef les troupes fédérales, pour solliciter l'honneur de faire, sous ses ordres, la campagne qui se préparait. Le prince était alors dans une ignorance absolue des mesures prises par l'administration centrale de la guerre, à l'endroit des officiers étrangers.

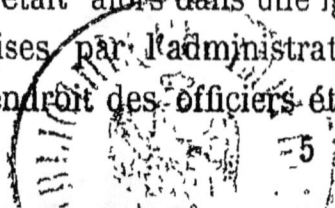

Il espérait que ses services seraient enfin utilisés. La fortune lui réservait une amère déception. Voici la réponse du général Dufour :

« Lucerne, 27 novembre 1847.

« Mon Prince,

« Ce n'est pas sans une vive émotion que j'ai lu la
« lettre que vous m'avez fait l'honneur de m'écrire
« sous la date du 26. J'y ai reconnu ces sentiments
« élevés, cette chaleur de cœur qui appartiennent si
« éminemment à l'illustre famille dont vous êtes issu.
« De tels témoignages de haute sympathie sont bien
« précieux pour mon pays, et, pour ce qui me con-
« cerne en particulier, je ne saurais vous exprimer
« combien j'y suis sensible, moi, l'ami dévoué de votre
« famille, et qui garde un si profond souvenir du grand
« homme qui l'a illustrée.

« Vous me demandez à prendre du service dans
« l'armée fédérale, pour la défense de la cause qu'elle
« soutient. Certes, une telle offre serait accueillie de
« grand cœur, si cela m'était permis ; mais je ne puis
« pas admettre dans nos états-majors, ni même dans
« nos rangs, des officiers étrangers. C'est la réponse
« que j'ai déjà été dans le cas de faire à plusieurs offi-
« ciers de différentes nations qui, mus par les mêmes
« motifs honorables et désintéressés, m'ont offert
« leurs services. Cela m'a beaucoup peiné, mais j'ai
« dû rester fidèle à nos règlements, surtout lorsqu'il
« s'agissait d'une guerre entre Suisses.

« Du reste, je regarde la guerre comme finie, puis-

« que tous les cantons qui formaient le Sunderbund
« ont capitulé, l'un après l'autre. Uri est venu le der-
« nier ; ce matin, j'ai reçu sa soumission ; il ne reste
« donc plus que le Valais, qui, sans doute, se sou-
« mettra également. J'espère, mon Prince, que ma
« réponse ne vous blessera point, car je serais heureux
« et fier de vous avoir dans mon état-major. L'impé-
« rieuse nécessité de se soumettre aux règlements
« s'oppose seule à ce qu'il en soit ainsi.

« Je serais heureux si je vous trouvais encore à
« Berne lorsque j'y retournerai, et de faire ainsi votre
« connaissance personnelle ; cela ne peut tarder beau-
« coup.

« Agréez, mon Prince, etc...

« J.-N. Dufour. »

Toujours et encore trompé dans son attente, le
prince s'éloigna de la Suisse, où sa présence était désormais inutile, et alla demander, à Bade, une hospitalité de quelques jours à la grande-duchesse Stépha-
nie, sa cousine, qui l'accueillit avec une affectueuse
considération. Il quitta ensuite les bords du Rhin,
pour regagner sa retraite, résolu à y guetter les événements qui, d'un instant à l'autre, pouvaient mettre
un terme à l'inaction qu'il supportait impatiemment.

Si l'épée du proscrit demeurait forcément au fourreau,
sa lyre n'en rendait pas moins des sons harmonieux
et suaves qui trouvaient dans l'âme de ses nombreux
amis des échos sympathiques.

*L'agonia del cardinal Fesch* est composée de

quarante strophes d'une mélancolie profonde et communicative. Le lecteur, pour peu qu'il ait d'intelligence et de sensibilité, voit s'épanouir, comme une fleur, l'âme exaltée du poëte et comprend combien lui fut personnellement cher l'homme d'élite dont les vertus l'inspirent, et qui était son parrain.

Le tonnerre grondait, dans le lointain, du côté de Paris, et faisait tressaillir le cœur de Pierre-Napoléon. Ses aspirations, ses espérances se réveillaient avec une foi nouvelle, car il sentait instinctivement que la foudre ne tarderait pas à tomber.

Une révolution radicale était, en effet, sur le point de se manifester en France. Déjà le pape Pie IX donnait *urbi et orbi*, à la ville éternelle et à l'univers attentifs, un de ces splendides spectacles auxquels ses prédécesseurs ne les avaient point accoutumés. Le véritable vicaire d'un Dieu de paix et de miséricorde, l'évangélique successeur de saint Pierre, proclama l'indépendance de l'Italie, frissonnante d'espoir et de bonheur. La verve du poëte patriote s'alluma soudain à son enthousiasme et lui inspira, sous le titre de : *Pie IX*, une ode émouvante.

La révolution de 1848 se déchaîna dans toute sa vigoureuse colère.

Elle fut rapide, elle fut grande, elle fut complète, elle fut généreuse.

Deux jours après, le 26 février, à l'aube, l'ermite de Mohimont fut réveillé par cette formidable nouvelle.

L'avenir qui se déroulait aux yeux ravis de Pierre-

Napoléon ressemblait si peu au passé, qu'il se crut tout d'abord le jouet d'un beau rêve.

Il arriva à Paris dans la soirée du 27 février et, dès le lendemain, il se rendit à l'Hôtel-de-Ville, pour se mettre à la disposition de la nouvelle république.

Ses offres de service furent accueillies par le gouvernement provisoire avec un cordial empressement, et trois jours après, le 2 mars, le *Moniteur universel* contenait la lettre que voici :

« Messieurs,

« Fils de Lucien Bonaparte, nourri de ses opinions
« républicaines, idolâtre, comme lui, de la grandeur
« et du bonheur de la France, j'accours, enfant de la
« patrie, me mettre à la disposition des éminents ci-
« toyens qui forment le gouvernement provisoire. Le
« sentiment qui me domine, c'est un patriotique en-
« thousiasme et la conviction que la prospérité et
« l'avenir de la république ont été résolus le jour où
« le peuple vous a mis à sa tête. Comme mon père,
« qui n'a jamais trahi son serment, j'engage le mien
« entre vos mains à la République française.

« Recevez, Messieurs, cet acte d'une profonde sym-
« pathie et d'un dévouement qui ne demande que
« d'être mis à l'épreuve.

« Paris, le 29 février 1848.

« PIERRE-NAPOLÉON BONAPARTE. »

A cette manifestation épistolaire, le gouvernement répondit immédiatement par un brevet de chef de ba-

taillon à la légion étrangère, avec une permission illi-
mitée de séjour à Paris, où le nouveau ministre de la
guerre comprenait que la présence de Pierre-Napoléon serait bientôt utile.

Bien qu'il fût loin d'être au niveau de sa naissance
et de ses aptitudes militaires, ce modeste grade fut,
dans la suite, pour le prince, une source intarissable
de désagréments et de tribulations de toutes sortes. —
C'est vainement qu'il formula ses intentions, qu'il établit ses réserves, avec la franchise et la loyauté inhé-
rentes à son caractère. Les unes et les autres furent
dénaturées, méconnues, par une malveillance perfide,
savamment calculée, et les serpents de la calomnie
commencèrent à siffler contre sa renommée, jusqu'a-
lors et toujours au-dessus de ces odieuses insinua-
tions.

Nous n'hésitons pas à le déclarer hautement, parce
que la connaissance exacte des faits et une conviction
profonde donnent à notre modeste voix une autorité
relative, jamais défiance ne fut plus regrettable, jamais
injustice d'une pareille flagrance ne blessa un homme
digne, au contraire, de l'estime et du respect de tous.

Les circonstances qui ont précédé, accompagné et
suivi les événements auxquels nous venons de faire
allusion, et dont on a évidemment essayé de travestir
la nature, n'en méritent pas moins un examen spécial
et détaillé; nous prenons d'avance, ici, l'engagement
formel d'établir, par des preuves péremptoires, irré-
cusables, sans contradiction possible, que la conduite
du prince, au lieu de mériter le moindre blâme, à

quelque titre que ce soit, est, au contraire, digne de sincères éloges. Nous prouverons victorieusement qu'en agissant autrement, il aurait manqué à la parole qu'il avait donnée, aux conditions qu'il avait posées, *avant l'acceptation de son grade, et surtout avant son départ pour l'Afrique.*

Il faut que la lumière se fasse sur cette page, trop peu connue, de l'histoire du prince Pierre-Napoléon. Elle se fera.

Reprenons, maintenant, le fil du récit que vient de nous faire perdre cette courte mais indispensable digression.

L'heure du retour avait enfin sonné pour la famille Bonaparte.

La France tourna nécessairement les yeux vers les Bonaparte, quand vint la formation de l'Assemblée nationale.

La Corse offrit, avec une spontanéité énergiquement unanime, aux princes Louis-Napoléon, Napoléon, et Pierre-Napoléon Bonaparte, d'adopter leur triple candidature à l'Assemblée Nationale Constituante.

Pierre-Napoléon accepta cette marque de confiance, dans des termes qui augmentèrent encore l'affectueux dévouement de ses compatriotes ; il fut élu (1).

Pierre-Napoléon, représentant de la Corse, demeura calme, attentif, et confiant dans l'avenir du pays. Les

---

(1) Pierre-Napoléon Bonaparte fut réélu, l'an d'après, représentant du peuple à la Législative, par les départements de la Corse et de l'Ardèche.

préjugés d'un régime qui s'écroulait de toutes parts n'ébranlèrent pas plus son stoïcisme politique que les utopies anarchiques, sous la menace desquelles tremblait la société, prête à tous les dévouements, à tous les sacrifices, mais aussi aux plus fières résistances, pour protéger ses droits et revendiquer des institutions durables.

Pierre-Napoléon ne s'écarta pas d'une seule ligne du libéralisme ardent, mais mitigé par la prudence, qu'il avait adopté, dès son entrée dans la vie politique.

Pierre-Napoléon, par ses traditions de famille, ses instincts, ses aspirations personnelles, était sympathique à la démocratie pure, sans alliage, et la liberté n'eut jamais de plus fervent apôtre. La nouvelle république était donc sûre de rencontrer en lui un défenseur loyal, un ami sincère et désintéressé.

Les événements de février avaient été si rapides que les élections s'en étaient nécessairement ressenties. On devait donc s'attendre, — ce qui eut lieu, — à voir des jeunes gens inexpérimentés, à peine mûrs pour la vie publique, siéger parmi les représentants. Parmi ces hommes nouveaux, beaucoup avaient la foi, la volonté, — il leur manquait la science gouvernementale.

La transition du régime monarchique au système républicain avait été si brusque, que les hésitations, les erreurs mêmes des nouveaux représentants portaient avec elles leur cause et leur excuse. Le divorce entre le passé et l'avenir ne s'opère pas sans déchirements, sans violences, surtout quand le mariage compte plusieurs siècles d'existence. Le temps est donc, comme l'a dit un philosophe illustre, le plus grand révolutionnaire de la terre.

Pierre-Napoléon, dès ses débuts au parlement, avait, par la cordialité de son langage et de son caractère, conquis l'affection de presque tous ses collègues.

A la tribune, où il monta dans les moments décisifs, au sein des comités où des questions ardues étaient souvent soumises à ses lumières, il prouva formellement qu'il était homme de conseil, d'action et de tout point le digne fils de son illustre père.

## CHAPITRE V

Ne prenant pour guides que les principes de liberté unis à la conservation de l'ordre, l'élu de la Corse n'a pas cessé un instant de leur être fidèle, religieusement fidèle, quelle que fût la difficulté des circonstances, nous ne saurions trop le dire et le redire. Il s'est toujours dévoué, corps et âme, aux intérêts du peuple et à la cause de sa famille, étroitement unis, du reste, par leur essence et dans leurs développements.

Au milieu des discussions les plus véhémentes, des clameurs passionnées, des dénigrements, des attaques systématiques contre les Bonaparte, débordements que les circonstances expliquent sans les justifier, Pierre-Napoléon continua à marcher d'un pas solide et sûr dans sa voie primitive.

Transportons-nous, par la pensée, au 15 mai 1848. Paris entier est en fermentation ; les fenêtres, les magasins, se ferment dans tous les quartiers, pendant que bien des gens, se croyant revenus aux plus mauvais jours de la première révolution, s'abandonnent à de folles terreurs. L'insurrection, — ce n'est point ici le moment de remonter à ses véritables causes, — est un instant maîtresse de la rue. Brisant la résistance de la force armée, elle franchit le seuil de l'Assemblée, envahit son enceinte et entoure la tribune, en poussant des clameurs menaçantes. Indigné de voir la représentation nationale violée avec une pareille audace, le prince Pierre-Napoléon se lève debout sur son banc, et dominant, du geste et de la voix, la foule frémissante : « Arrêtez, s'écrie-t-il, arrêtez : et respectez la souveraineté populaire. »

Cet acte de pur patriotisme, considéré par lui comme un devoir rudimentaire, accompli, il se dirige vers le banc des ministres, et leur offre ses services immédiats. MM. Crémieux et Flocon ne crurent pas devoir les accepter, voulant d'abord employer les voies de la conciliation ; ils ne lui en témoignèrent pas moins leur vive gratitude. En face d'une pareille résolution, il ne crut pas devoir insister davantage de ce côté, et s'adressant à son collègue Duvivier, il lui dit : « Mon général, laisserons-nous faire, et n'agirons-nous pas militairement ? »

Le 15 mai était le prologue des troubles qui eurent lieu le 12 juin ; mais l'autorité était sur ses gardes et elle prit, en temps opportun, d'énergiques mesures.

L'émeute du 12 juin n'était que le prélude d'un terrible conflit.

La société courut un immense danger le 23 juin ; le sang fut versé de toute part.

« Ne consultant que le salut de la patrie, dit un historien de la famille Bonaparte (1), Pierre-Napoléon, avant que l'Assemblée décrétât qu'un certain nombre de représentants seraient envoyés en parlementaires auprès des insurgés, inscrivit le premier son nom sur la feuille que le président Sénard offrit aux députés de bonne volonté. Il suivit sans retard M. de Lamartine à l'attaque des barricades. Ils parcoururent ensemble les boulevards et les faubourgs, au milieu d'une foule incertaine ou prête à s'insurger. Plus d'une fois ils faillirent être enlevés, malgré leur escorte, et ce ne fut pas sans difficulté qu'ils pénétrèrent dans le faubourg du Temple, où une forte barricade avait été élevée à l'entrée de la rue Saint-Maur. Arrivés au pont du canal Saint-Martin, où les balles pleuvaient de toutes parts, plusieurs soldats furent tués sous leurs yeux. Après avoir reconnu la position, M. de Lamartine, vaillamment secondé par le prince Napoléon, le ministre Duclerc et M. de Tréveneuc, réunit à la hâte tout ce qu'il put trouver sous la main de troupes de ligne et de gardes mobiles, et aborda vigoureusement la barricade, sous un feu terrible. Le combat fut sanglant. Plusieurs officiers supérieurs et autres furent tués ; le prince Pierre-Napoléon eut son cheval mortellement blessé sous lui. On sait à quel prix la société fut sauvée.

« S'il faut enfin gémir que des flots de sang français aient coulé dans les rues de Paris, il faut aussi remer-

---

(1) Voir l'histoire de la famille Bonaparte, par Wouttersa, page 407.

cier ces généreux citoyens qui, à l'exemple du prince Pierre-Napoléon, se dévouèrent pour le salut de la République. »

Le 12 janvier 1849, il prononça un remarquable discours sur les dangers qui menaçaient la République.

En s'exprimant ainsi, Pierre-Napoléon Bonaparte ne croyait pas être prophète. Ses prévisions indéfinies devaient prendre une redoutable forme.

# CHAPITRE VI

Pierre-Napoléon Bonaparte, nous l'avons déjà dit, a constamment marché d'un pas ferme, sans dévier d'une ligne, dans la voie de la justice, de l'honneur et de la vérité. Ne l'a-t-on pas vu, plus d'une fois, dans les moments de trouble, exposer bravement sa vie, sans hésitation, sans jactance, comme s'il accomplissait de tous les devoirs le plus simple et le plus naturel? Quand l'émeute descendait dans la rue, il était le premier à lui barrer le passage, sans s'inquiéter de ses menaces, ni de ses furieuses exigences. Une de ses convictions intimes est que les perturbateurs du repos public sont les plus cruels ennemis de la liberté, et que le désordre mène droit à l'anarchie, au chaos, à la ruine de tous les intérêts. Ces principes s'identifiaient intimement avec la cause de sa famille et du président de la République.

Jamais il ne déposa dans l'urne un vote hostile à son cousin, et chaque fois que celui-ci était l'objet d'une agression injuste ou impolie, on le voyait bondir sur son banc, comme si l'attaque lui eût été personnelle, et s'élancer parfois à la tribune où il semblait être l'épée et le bouclier d'un parent inviolablement aimé.

Il ne faut pas confondre ce dévouement affectueux, spontané, à la famille, avec les devoirs imposés par son mandat au représentant du peuple.

Ses votes n'étaient dictés, qu'on le sache bien, que par sa conscience et par l'intérêt public, et ils n'avaient rien de commun avec ses sentiments personnels pour le prince-président.

Quand surgit, grosse d'orages, la question romaine, le prince Pierre-Napoléon, toujours fidèle à ses anté-cédents, n'hésita pas à manifester, de la manière la plus franche et la plus énergique, ses sympathies pour l'indépendance d'une nation dont le drapeau avait été pour lui, dès sa première jeunesse, celui d'une seconde patrie.

Pierre-Napoléon s'opposa par son vote, sa parole, et son influence, au projet de l'expédition française. Désireux d'employer, pour y mettre obstacle, tous les moyens légaux en son pouvoir, il prononça, dans un bureau de l'Assemblée, un discours qui envisageait, sous toutes ses faces, cette question si difficile, si délicate et si grave.

Sa logique serrée, inexorable, peignit les dangers, les embarras qui devaient être, pour le pays, la triste conséquence de cette fâcheuse entreprise. Il montra la réaction victorieuse dépassant, par ses représailles, les excès révolutionnaires, et la restauration du pontife sur le point de rétablir de monstrueux abus, condamnés par notre temps de progrès.

Après avoir évidemment prouvé que la France était compromise dans sa condition et ses intérêts, l'orateur chercha une voie honorable, sûre, rapide, pour sortir dignement de cette fausse position. En présentant le projet du décret qu'on va lire , il s'exprima ainsi :

« Si la déplorable expédition de Rome nous a jetés
« dans une si calamiteuse complication, ce n'est pas
« ma faute, ni celle de mes honorables collègues qui,
« dans cette circonstance, ont voté comme moi. Mais
« puisque le mal est fait, nous devons tous veiller à
« ce qu'il ne s'aggrave pas : aujourd'hui que la situa-
« tion est désastreuse sans contredit, nous devons
« tous, sans distinction de partis, nous efforcer d'en
« sortir dignement. Si le gouvernement, ce qu'à Dieu
« ne plaise, restait sourd à notre voix, que toute la
« responsabilité alors retombe sur lui. Pour ma
« part, je gémirais amèrement sur ce parti pris du
« pouvoir de courir à un abîme, et nous aurions à
« examiner si on ne l'y a pas entraîné.

« Citoyens, je le dis la main sur la conscience et
« sous l'empire des meilleurs sentiments envers le
« Président de la République et de dévouement au
« pays, il n'y a qu'un moyen, et je viens vous de-
« mander de le prendre.

« Il faut convenir franchement, sans détours, qu'en
« allant à Rome, on y était allé avec l'intention de
« restaurer le pouvoir temporel, dans la persuasion
« qu'il avait été supprimé par une minorité factieuse.
« Reconnaissant loyalement aujourd'hui une erreur
« funeste, reconnaissant, devant l'évidence des faits,

« que les populations ne veulent plus du pape comme
« monarque, à aucun prix, il faut leur garantir solen-
« nellement, officiellement, que leur volonté , sacrée
« comme la nôtre, sera respectée, et que nous ne
« maintiendrons notre drapeau en Italie que pour pro-
« téger les États Romains contre la coalition étran-
« gère.

« Devant cette déclaration, soyez-en sûrs, citoyens,
« les portes de Rome s'ouvriront d'elles-mêmes; notre
« armée fraternisera avec ses défenseurs, et si les
« attentats liberticides de l'Autriche n'exigent pas
« notre concours en faveur des Romains, vous serez
« juges du moment où la situation générale de notre
« politique étrangère nous permettra de rappeler nos
« troupes.

« J'ai l'honneur de proposer à l'Assemblée le décret
« que voici :

« Considérant que les derniers évènements des
« États Romains prouvent jusqu'à l'évidence que le
« pouvoir temporel du pape a été supprimé par le
« vœu presque unanime des populations et non par
« une minorité factieuse, comme l'avait cru d'abord
« le gouvernement ;

« En présence de l'article 5 du préambule de la
« Constitution, des tentatives du roi de Naples et de
« l'occupation autrichienne, l'Assemblée législative
« décrète :

« *L'Indépendance des États Romains est inviolable.*

« Le gouvernement est invité à déclarer, au nom
« du peuple français, que nos troupes ne continueront

« à occuper les États Romains que pour protéger leur
« indépendance. »

Une autre question, non moins ardue, qui souleva
de nouvelles tempêtes au sein de l'Assemblée, ramena
encore Pierre-Napoléon sur la brèche. Le prince,
continuant son apostolat humanitaire, fut un des premiers qui demandèrent que le droit au travail fût admis en principe dans la Constitution.

En poursuivant nos recherches au milieu de ces
luttes parlementaires, si près et cependant déjà si
loin de nous, nous voyons le prince Pierre-Napoléon
combattre, avec son énergie accoutumée, l'admission
des agents de l'ordre administratif, judiciaire ou militaire, à la représentation nationale. Leur candidature
lui semblait nne anomalie flagrante, sous un régime
démocratique, où le peuple devait manifester sa volonté souveraine, dans le libre choix de ses mandataires.

Il ne voulait pas que le pouvoir, dans un parlement
à sa dévotion, pût trouver des instruments passifs et
dociles. Les leçons de l'expérience n'avaient pas été
vaines pour lui, et il savait pertinemment que l'intru-
sion, dans les chambres de la royauté de Juillet, des
fonctionnaires relevant des ministres, avait fatalement
amené la ruine de la maison d'Orléans, en lui permettant d'attaquer les libertés publiques. Son vote fut donc
pour l'incompatibilité du mandat de représentant avec
d'autres fonctions salariées.

Certain que la suppression de l'impôt sur le sel
exercerait sur la nourriture du pauvre, sur les engrais

agricoles et sur l'élève des bestiaux une influence salu-
taire, il l'appuya de son mieux. Subsidiairement, à
défaut de l'abolition totale d'une charge si onéreuse au
plus grand nombre de nos concitoyens, il se prononça
en faveur d'une diminution radicale de cet impôt ; et
contribua, autant qu'il était en lui, à dégrever de droits
fiscaux une denrée de première nécessité pour le pro-
létariat des villes et des campagnes, non moins que
pour les classes aisées.

Une question vitale, dominant toutes les autres, ne
tarda pas à attirer l'attention du pays. Il ne s'agissait
rien moins que de poser la clef de voûte du nouvel
édifice, par l'élection du pouvoir exécutif. Deux systè-
mes se trouvaient en présence et aux prises. L'un
confiait le choix du Chef de l'État à l'Assemblée des
représentants, l'autre s'adressait directement au suf-
frage du peuple.

Dans le premier cas, le nouveau président recevait
son mandat d'une majorité ambitieuse, qui aurait, nécessairement, dicté ses conditions à l'avance, et soumis à la volonté du pouvoir législatif les principaux
actes du gouvernement ; alors que la difficulté de la
situation nécessitait la main ferme d'un homme capa-
ble d'exercer sur le pays une sorte de prestige et
d'imposer à l'Europe, encore indécise entre la paix et
la guerre, le respect de la France.

Dans la seconde hypothèse, le chef du pouvoir
exécutif, recevant sa mission directement du peuple,
échappait à la domination de l'Assemblée législative,
et la pondération, base du nouveau système gouverne-

mental, se trouvait suffisamment établie. Dans l'élu de la nation s'incarnaient, nécessairement, les sympathies, les aspirations, les besoins du peuple ; le président se trouvait assez fort pour mettre un terme aux tiraillements, aux intrigues parlementaires, et sauvegarder la dignité du pays, en lui ouvrant une ère de repos et de stabilité.

C'est avec cette conviction profondément sincère, que le représentant de la Corse soutint l'élection directe par le peuple, et se plaça au premier rang des opposants à la proposition Grévy. Il vota aussi pour une assemblée unique.

## CHAPITRE VII

Nous abordons enfin l'événement de la vie de Pierre-Napoléon Bonaparte, dont on a tant parlé, et qui n'a jamais été présenté sous ses véritables aspects, l'affaire de Zaatcha. Cet incident si fâcheux dans ses conséquences, envenimé par la malveillance, faussé par la calomnie, a servi de thème à la polémique, aux discussions passionnées de la presse et de la tribune. Ces attaques ont été d'autant plus sensibles au prince Pierre-Napoléon, que de fausses apparences, de regrettables malentendus, ne lui permettaient pas de convaincre d'imposture, comme il l'aurait voulu, des adversaires qui se tenaient dans l'ombre.

Fort de son droit, de sa conscience, de ses antécédents de loyauté, de bravoure, de patriotisme, le fils de Lucien Bonaparte, le proscrit de la Sainte-Alliance, a vaillamment fait tête à l'orage, en écrasant de son mépris des imposteurs qui étaient, — les faits sont là pour l'attester, — moins les ennemis de sa personnalité que de son illustre famille. Tous les moyens, en effet, même les plus odieux, leur ont semblé bons, pour atténuer le prestige qui s'attache au nom glorieux des Bonaparte.

C'est donc la cause des siens, autant que la sienne propre, que Pierre-Napoléon a défendue, en protestant avec toute l'énergie, disons plus, avec la colère indignée d'un cœur loyal, contre les accusations portées à sa charge, après son départ d'Afrique.

Les événements que nous allons raconter, en les appuyant de considérations et de documents incontestables, ainsi que l'exige l'impartiale fidélité de l'histoire, ont eu, — nous sommes forcé de le dire, — des suites funestes. Ils ont brisé une brillante épée, qui aurait pu, dans ces derniers temps, en sortir pour l'honneur de nos armes ; et atteint un prince dont la bravoure et les talents militaires ont, en mainte circonstance, été dignement appréciés par les hommes les plus compétents de notre époque.

Maintenant que les intrigues sont rentrées dans l'ombre, nous devons à la vérité de constater que l'opinion publique est dans la bonne voie, en reconnaissant que la mesure dont le prince a été victime, après l'expédition de Zaatcha, accuse une imprévoyance et un déni de justice sans excuse.

Pierre-Napoléon s'est montré à Zaatcha ce qu'il fut ailleurs, ce qu'il serait, ni plus ni moins, dans des circonstances identiques, homme d'action durant le combat, officier supérieur, d'une habileté notoire, dans les manœuvres et dans leur application, suivant la nature du terrain.

Il n'a quitté le poste du danger, après s'y être couvert de gloire, aux yeux de ses compagnons d'armes, dont beaucoup sont encore vivants pour l'attester, qu'en leur donnant une preuve de l'obéissance exigée par la discipline militaire ; et il n'a quitté son commandement que par ordre de ses chefs.

Un des motifs, en dehors de la question de bravoure, puérile après les explications qui précèdent, qui ont décidé le départ du prince de l'Algérie, a sa raison d'être dans l'oubli des promesses formelles auxquelles il avait cru pouvoir se fier, avant de quitter Paris.

L'administration de la guerre s'était formellement engagée à l'admettre dans un régiment français, par une exception justifiée, non-seulement par son nom, par son sang et par son mandat parlementaire, mais aussi par des antécédents analogues. Cette mesure, aussi logique que désirable, aurait détruit, dès l'arrivée du prince en Afrique, l'anomalie qui lui conférait, *au titre étranger*, un grade d'officier supérieur.

Cette qualification, *au titre étranger*, irritait, humiliait, — tout le monde le comprendra, — l'amour-propre d'un homme qui se sentait si profondément Français, par le souvenir de ses pères, la gloire de leurs armes, et ses aspirations personnelles.

Sa fière nature se révolta, quand il acquit la certitude que les promesses, auxquelles il n'avait pas hésité à croire, n'étaient qu'un leurre.

La loi du 14 avril 1832, sur l'avancement dans l'armée, s'opposait, dira-t-on peut-être, à leur réalisation ! Nous soutenons, nous, qu'on pouvait et qu'on aurait dû lui appliquer le bénéfice d'une exception.

Après la révolution de juillet, les fils de l'immortel maréchal Ney ne passèrent-ils pas, avec leurs grades, des rangs étrangers dans ceux de l'armée que leur vaillant père avait si souvent conduite à la victoire ?

Tous ceux qui ont eu l'honneur de voir d'assez près Pierre-Napoléon Bonaparte, pour apprécier ses habitudes, ses aspirations, ou qui seulement le connaissent par son passé, savent pertinemment avec quelle joie, avec quelle ardeur il fit campagne. Les périls étaient son élément, mais il souffrait, dans son patriotisme et son amour-propre de soldat, du refus obstiné d'une épaulette française, alors qu'il ne voulait, disons mieux, qu'il ne devait servir qu'au titre national.

Le président de la République, des parents, des amis intimes, engagèrent le prince à donner à l'administration de la guerre la latitude de régulariser sa position, par un acte de présence à son corps. Alléguant les motifs déjà cités, il persista longtemps dans son refus; car il considérait la moindre concession à cet égard comme indigne de son nom, de ses antécédents et de son caractère.

C'est alors que, le cœur navré, voyant tomber les unes sur les autres ses illusions et ses espérances, le prince, exilé volontaire, retourna dans son ermitage des Ardennes belges. Mais laissons le fils de Lucien parler de cette époque, pour lui si néfaste; sa voix aura plus d'autorité que la nôtre :

« Mon séjour dans mon ancienne retraite ne fut pas
« long; de nouvelles et plus vives instances vinrent
« m'y relancer, et j'eus le tort de céder et de revenir

« presque aussitôt à Paris. Elles y furent encore re-
« nouvelées, et un jour même, à Saint-Cloud, on me
« témoigna tant de mécontentement de mon hésitation,
« que je dus croire vraiment qu'on n'attendait que cet
« *acte de présence* à mon corps pour réaliser le mirage
« de la miraculeuse épaulette que je poursuivais de-
« puis si longtemps.

« J'avais protesté à satiété que je ne monterais pas
« une garde tant que je ne compterais dans l'armée
« qu'au titre d'étranger ; j'aurais dû, pour tous ces
« motifs, maintenir ma résolution ; mais ce qui enfin
« l'ébranla, ce fut la perspective de la campagne qui
« se préparait dans le sud de la province de Constan-
« tine. Il fut décidé que je serais envoyé en mission
« temporaire, auprès du gouverneur général de l'Al-
« gérie, et que d'Alger j'irais rejoindre la colonne
« expéditionnaire aux ordres du général Herbillon.
« Toujours mécontent de ma position exceptionnelle,
« j'avais, quoi qu'on ait pu en dire, bien et dûment
« stipulé avec tout le monde, président, ministres,
« intermédiaires officiels ou officieux, que j'allais en
« Afrique, pour n'y rester que le temps que je vou-
« drais, pour en revenir quand je le jugerais conve-
« nable, et pour n'y faire, au besoin, que l'*acte de*
« *présence* qu'on paraissait croire indispensable à la
« régularisation de mon état militaire. J'étais loin de
« croire qu'on contesterait un jour ces conventions,
« sans lesquelles je me serais gardé d'accepter ma
« mission ; mais si des preuves matérielles étaient
« nécessaires, je pourrais produire des lettres que

« j'écrivis de Lyon, de Marseille et de Toulon, à plu-
« sieurs de mes amis, avant de m'embarquer, lettres
« dans lesquelles je leur parlais de mon retour à
« l'Assemblée pour le 15 novembre, au plus tard.»

La réunion de ces incidents divers explique d'a-
vance, en la justifiant, la conduite ultérieure de Pierre-
Napoléon Bonaparte.

## CHAPITRE VIII

Ce chapitre, que nous avons à dessein isolé des autres, sera consacré tout entier à l'expédition de Zaatcha et à la part active que le commandant Bonaparte y a prise. Nous nous bornerons à reproduire sans commentaire les actes de courage qu'il a accomplis, et les preuves qu'il a données de sa capacité militaire.

Rentrons donc dans le chemin battu par le *Moniteur*, et arrêtons-nous aux jalons officiels, que nous rencontrerons à chaque kilomètre.

Le 1ᵉʳ octobre 1849, jour de la reprise des travaux législatifs, à la suite d'une entrevue avec le prince président de la République, dont nous avons précédemment raconté les détails, le fils de Lucien Bonaparte demanda à l'Assemblée un congé, qui lui fut accordé sur-le-champ. Le lendemain, il quitta Paris, et cinq jours après, il s'embarqua sur le *Cacique*, à Toulon, pour Alger, où il arriva le 9 au soir.

Une vive fusillade accidenta la nuit même de l'arrivée du prince. Un parti d'Arabes, profitant de l'obscurité, s'était glissé dans le voisinage du camp et tirait sa poudre aux chauves-souris. Quelques balles, cependant, sifflèrent autour de la tente du commandant Bonaparte, dressée près de celle du colonel Carbuccia.

Le premier assaut livré aux Arabes de Zaatcha, avant l'arrivée du prince, avait échoué. Leur fanatisme, leur audace et leur foi dans Bou-Zian, leur chef, s'étaient énormément accrus par notre insuccès qu'ils devaient, plus tard et bientôt, chèrement payer.

La sainteté du marabout Bou-Zian était devenue aussi évidente qu'un verset du Coran pour les insurgés. Ils considéraient ce personnage comme un protégé du prophète, et son représentant parmi les vrais croyants. Telles furent les prolégomènes du siége qui, si l'on considère le petit nombre des troupes de la colonne expéditionnaire, l'exiguïté de son matériel de campagne, son éloignement de tout soutien, rendaient la situation du général en chef et de ses officiers extrêmement difficile.

Il fallait, sans désemparer, enlever Zaatcha dans un court espace de temps, et écraser dans son repaire une bande de fanatiques, dont le succès momentané et la résistance prolongée avaient ravivé, sur tous les points de l'Algérie, les passions comprimées des Arabes, et pouvaient rallumer partout une guerre mal éteinte.

Pierre-Napoléon fut un des premiers à signaler ce danger, encore plus moral que matériel. Il eût déploré que nos forces, d'ailleurs insuffisantes, fussent prises au dépourvu.

Peu avant son arrivée au camp, le commandant Bonaparte avait, à la tête d'une faible escorte, sauvé un convoi menacé par un fort parti de montagnards de l'Aurès. Ce convoi se composait de 300 mulets, chargés de 70,000 rations, et des munitions indispensables au siége.

Presque à son débotté, le 22 octobre, le prince fut désigné pour remplir les fonctions de commandant de tranchée, et « on le vit prendre son service avec un « air de gaieté, d'assurance, de franchise qui plut à « tous. Aussi, quand, deux jours après, dans une cir- « constance très-difficile, il déploya la plus grande « vigueur, et qu'il donna l'exemple du plus grand « sang-froid, personne n'en fut étonné. »

Ce paragraphe, qui se passe de commentaires, est textuellement extrait de la page 120 de la *Relation du siége de Zaatcha*, par le général Herbillon.

Après l'escarmouche à laquelle le commandant en chef fait allusion, le prince Pierre-Napoléon et son colonel regagnèrent leurs *gourbies*, dans la tranchée. Ils étaient à peine endormis, qu'une vive fusillade les réveilla en sursaut, et les ramena à la défense des épaulements.

A l'aube du 25 octobre, le commandant en chef vint visiter la tranchée. Il ordonna au colonel Carbuccia d'envoyer le commandant Bonaparte, avec 400 hommes de son régiment et 200 hommes du 3e bataillon d'infanterie légère d'Afrique, couper les palmiers aux environs de Lichana, où s'étaient retranchés de forts contingents ennemis.

Cette mesure était doublement nécessaire. L'abatage des palmiers facilitait à la colonne française l'investissement de l'oasis, et semait la discorde entre les fanatiques et une autre fraction des indigènes, dont l'avarice s'irritait de la destruction de leurs ressources.

Les événements s'étaient succédé avec une telle rapidité, que les officiers d'état-major n'avaient pu faire aucun levé du terrain. Le général désigna, comme point de direction, un groupe de palmiers. Le commandant Bonaparte s'y porta sur-le-champ, au pas de course, à la tête d'une compagnie d'infanterie légère d'Afrique. Il était suivi, d'aussi près que possible, par un détachement de la légion, et par les travailleurs des deux corps, munis de haches; et il avait été prévenu qu'il serait appuyé par le colonel de Barral, sur la lisière du bois.

Sous la direction du prince, toujours au premier rang, les troupes franchirent plusieurs clôtures en terre sèche, et traversèrent à gué un fossé plus large que profond. Ce premier avantage obtenu, le commandant Bonaparte établit le centre de sa ligne derrière un mur crénelé, et dans un jardin, disposé pour la défense par les Arabes, qui, lorsqu'ils avaient exécuté ce travail, étaient loin, certes, de se douter qu'ils préparaient des verges pour les fouetter un jour. Cette position fut, à l'instant même, protégée et couverte par nos tirailleurs.

Un terrain nu, d'environ vingt mètres de large, où la ligne formait un angle saillant, se trouvait entre le mur et le jardin, qui était encaissé au-dessous du niveau de ce terrain. Le commandant Bonaparte ordonna au capitaine Niko, réfugié polonais, de s'embusquer près de là, avec un petit nombre de ses grenadiers.

Ces apprêts à peine achevés, on vit arriver le colonel Carbuccia qui, sans autre escorte que son courage corse, venait se rendre compte des dispositions prises par le jeune commandant. Il n'y changea rien, et l'approuva par un bon sourire, quand ce dernier lui affirma « que le diable en personne ne le délogerait pas de sa position. »

Cette promesse fut bravement accomplie, et le prince ne quitta le lieu du combat que quand le général Herbillon lui fit tenir l'ordre formel d'effectuer sa retraite.

Les travailleurs, défendus par leurs camarades, ne perdaient pas une minute, et les palmiers, attaqués par la hache, tombaient les uns sur les autres, avec un fracas qui faisait frémir les Arabes d'une rage indicible.

Poussant des cris de vengeance, ils sortirent de Lichana dont les nôtres touchaient, pour ainsi dire, les murailles, véritable citadelle. Ils furent vaillamment reçus par un régiment de chasseurs du bataillon d'Afrique, déployé à l'angle du mur crénelé, derrière un amas de décombres.

Ce mur dominait une ravine, d'où l'ennemi pouvait sortir, d'un instant à l'autre, pour couper les communications des Français avec leur camp. Le prince voit le danger et ordonne aux défenseurs des créneaux de redoubler de vigilance. Les ennemis, qui connaissaient les moindres accidents du terrain, mettent en défaut, en fins renards, les soldats qui les observent.

N'osant risquer une attaque de front, ils se faufilent sur la gauche, les uns après les autres, au-dessous des créneaux, en rampant, sans faire le moindre bruit, et tout à coup ils couronnent la crête du mur. C'est l'avant-garde. Le gros de la bande, masqué par les plis du terrain, se montre, au signal donné par des clameurs sauvages, met à profit un premier mouvement de surprise, couvre de tirailleurs l'espace vis-à-vis du jardin encaissé, et dirige sur l'angle ou crochet, formé par les chasseurs de l'infanterie légère d'Afrique, un feu vigoureusement nourri.

En même temps, par-dessus le mur, une grêle de pierres tombe sur les Français. Avant de commencer une attaque plus sérieuse, les Arabes se servent souvent de ces projectiles ; là, ils n'avaient qu'à se baisser pour les trouver sous la main. Plusieurs de nos hommes sont grièvement blessés, d'autres ne reçoivent que de légères contusions.

Le bout des longs fusils des indigènes dépasse déjà le mur.

Sur la gauche, un fusilier de la Légion, qui s'était trop aventuré, est mortellement atteint. Deux de ses camarades se précipitent et l'arrachent aux Arabes, qui déjà avaient tiré leurs yatagans, pour lui couper la tête. Sans tenir compte de l'extrême proximité de ces Arabes, ni du voisinage de leurs nombreux compagnons, le commandant Bonaparte va à leur rencontre, et les tient en échec, avec son fusil de chasse. Il fait un signe au capitaine Niko, qui accourt avec ses grenadiers. L'engagement devient plus vif, et, électrisés par l'exemple de leur chef, les nôtres gardent leur position, malgré l'infériorité du nombre. Le capitaine Touchet tue un Arabe de sa main, et, un instant après, a la poitrine traversée par une balle. Les capitaines Butet et Niko sont blessés simultanément par des coups de feu, le premier à la cuisse, le second à la tête ; le prince est lui-même frappé par un gros caillou, qui rebondit sur sa *carchera* corse, et n'ayant reçu que des contusions, il reste le seul officier sur le champ de bataille.

Le voyez-vous d'ici, lecteur, l'œil au guet, le doigt sur la détente ? Enfin, voilà un ennemi ! Sa tête est coiffée d'un turban, d'une main il s'accroche au sommet du mur, de l'autre il brandit un pistolet, et son regard fauve fouille les environs.

Il aperçoit le hardi chasseur qui le menace et il veut le gagner de vitesse. Le prince Pierre-Napoléon ne lui en laisse pas le temps. Il lâche vivement son coup droit, chargé à balle et cinq chevrotines, qui atteint l'Arabe au cou, au-dessous du menton. Le blessé presse d'une main défaillante la détente de son pistolet qui porte dans le vide et, cherchant en vain à se cramponner à la crête du mur, teinte de son sang, il tombe de l'autre côté.

Non loin de là, un autre Arabe, à barbe grise, couche en joue le prince, avec un de ces longs fusils garnis d'argent, dont la possession dénote, ordinairement, un guerrier d'élite. Il va tirer ; mais le tueur de sangliers de la campagne romaine lui loge au moins une des deux balles du second coup dans la partie du front qu'il avait eu l'imprudence de montrer. Il va rejoindre, de l'autre côté du mur, le frère d'armes que, sans doute, il espérait venger ; et sa chute est saluée par les joyeuses acclamations de nos tirailleurs, qui l'ont reconnu pour un chef.

Ces événements se succèdent avec plus de rapidité que nous n'en mettons, certes, à les décrire. L'action continue, le feu devient plus vif, plus meurtrier. En voyant tomber leurs officiers et leurs camarades, les tirailleurs les relèvent et les portent aux ambulances. La coupe des palmiers est ralentie. — Les travailleurs, malgré la discipline militaire, n'entrent pas en ligne, bien que l'ordre leur en soit énergiquement donné, à plusieurs reprises. Pierre-Napoléon, le seul officier qui reste, nous l'avons dit, n'a plus autour de lui qu'une vingtaine de grenadiers de la Légion et quatre fois autant, au plus, de chasseurs du bataillon d'Afrique. Dans son rapport, il s'est fait un plaisir et un devoir de signaler l'intrépidité et le sang-froid du sergent-major Marinot, dont le concours lui fut très-utile.

La poignée de grenadiers, demeurée au plus fort de l'action, se bat courageusement, sous les ordres du sergent anglais Smitters. Le commandant Bonaparte s'est plu à se louer aussi de l'héroïque valeur de ce sous-officier.

Le colonel, qui suit d'un œil anxieux les phases du

combat, s'élance une seconde fois vers ses braves.
Sa présence redouble leur ardeur, et du haut d'un
monticule labouré par les balles, à la place même où
l'intrépide Smitters sera tué tout à l'heure, il s'écrie :
« Tenez bon, grenadiers ! »

Des Arabes, embusqués derrière un pan de mur,
reconnaissent des officiers, et tirent, à moins de
soixante pas, sur le groupe où se trouve le prince. Il
riposte, mais, quand un ennemi est touché, un autre
le remplace. Du sentiment unanime de ceux qui ont
assisté à ce rude combat, le commandant Bonaparte
était assailli, entouré par plus de mille Arabes, et sans
la supériorité de la position qu'il avait choisie, il aurait
infailliblement succombé sous le nombre.

Le prince comprend que, malgré le courage à toute
épreuve des vieux soldats qui l'entourent, il faudra
qu'il les sacrifie jusqu'au dernier, s'ils ne sont pas
soutenus par d'autres forces. — Son colonel est de
son avis, et rappelé à la tranchée de Zaatcha par le
bruit du combat qui s'y livre avec acharnement, il lui
promet d'envoyer un officier au général pour demander
du renfort.

Le commandant de Laurencez s'avance dans la
plaine, à la tête d'un bataillon de zouaves, formé en
pelotons échelonnés. Il s'arrête à trois cents mètres
du prince, qui, voyant le nombre et l'audace des ennemis augmenter sans cesse, prend sur lui d'aller
demander à son collègue quelques hommes pour
appuyer les grenadiers restés inébranlables à la

défense du monticule, où le vaillant Smitters vient de rendre le dernier soupir.

Le commandant de Laurencez s'empresse d'accéder à la demande du prince, en lui confiant quinze braves, sous les ordres d'un jeune lieutenant, qui s'écrie, en brandissant son sabre : « En avant, c'est le poste d'honneur ! »

Le prince et son renfort arrivent, au pas de course, où les grenadiers et les chasseurs engagés les acclament comme des frères et des libérateurs. En Afrique, l'uniforme des zouaves est toujours joyeusement accueilli par leurs camarades des autres corps ; mais il paraît produire sur les Arabes un effet diamétralement opposé. Le commandant Bonaparte indique à chacun son poste de combat, et tous jurent d'y rester, s'il le faut, jusqu'au dernier soupir.

La voix du colonel retentit, pour annoncer d'autres soutiens.

Le commandant Bourbaki s'avance à la tête des tirailleurs indigènes. Le lieutenant-colonel Pariset dirige en personne le feu des obusiers qui fait un tel ravage parmi les Arabes, qu'ils regagnent Lichana en désordre.

Le colonel communique alors au prince Pierre-Napoléon, de la part du général, l'ordre de battre en retraite. Le commandant lui fait observer, avec toute la réserve exigée par la discipline, que le mouvement rétrograde des Arabes lui semble favorable, pour achever l'abatage des palmiers. — « Un ordre s'exécute et ne se commente pas, » telle fut la réponse du colonel Carbuccia.

Le prince dut donc quitter une position qu'il avait défendue pendant quatre heures et qui lui avait coûté, comme on a pu voir, un sang si précieux.

Le général Herbillon, que ceux-ci rencontrèrent près de la Zaouia, ou mosquée de Zaatcha, les félicita de leur conduite. Il témoigna même quelque regret de les avoir engagés si loin, en constatant les pertes essuyées ; mais, un instant après, il n'en exprima pas moins sa satisfaction au prince, en lui disant, avec une cordiale poignée de main : — « Je vous remercie de tout ce que vous avez fait. »

Voilà des paroles, prises sur le vif, qui ont eu des centaines d'auditeurs et répondent victorieusement à toutes les imputations mensongères et calomnieuses. Les paragraphes suivants du rapport du colonel Carbuccia sur le brillant fait d'armes qne nous venons de raconter dissiperaient jusqu'au dernier doute, s'il pouvait en rester encore. Ce document porte la date même du 25 octobre :

« Je vous ai fait répondre que j'avais confié à M. le « commandant Pierre Bonaparte, du 2ᵉ régiment de « la légion étrangère, la mission de procéder à cette « opération importante, à la tète de 400 hommes, dont « 200 de la légion et 200 du 3ᵉ bataillon d'Afrique.

« Ci-joint, sur les événements accomplis dans cette « journée, le rapport de cet officier supérieur, dont je « suis heureux d'avoir à vous signaler la bravoure « téméraire et le coup d'œil militaire, digne du nom

« qu'il porte. Violemment atteint d'un énorme pavé
« sur la poitrine, il a tué de sa main deux chefs
« arabes, au plus fort de la mêlée, aux applaudisse-
« ments de la ligne de tirailleurs. »

Aucun événement digne d'être cité ne signala le 27.

Les travaux de la tranchée continuaient dans des
conditions normales.

Les nouvelles d'Alger, si impatiemment attendues,
n'arrivaient pas. On savait seulement qu'un parti
arabe avait enlevé les dépêches du gouverneur et probablement les lettres adressées au prince Pierre-
Napoléon, dont la perplexité est facile à comprendre.
Le jour où il s'était engagé à reprendre sa place à
l'Assemblée législative approchait, et le général avait
manifesté l'intention formelle, bien arrêtée, de ne plus
donner d'assaut, mais de ne lever le camp qu'après
avoir forcé Zaatcha à se rendre. Décidé à vaincre
toutes les résistances, il attendait des renforts, dont
l'arrivée était incertaine, pour investir complétement
la place et la réduire par le feu d'une artillerie qu'il
n'avait pas encore.

Ici, pour nous, se termine la relation du siége de
Zaatcha.

# CHAPITRE IX

Nous avons donné la relation exacte de la part glorieuse prise par le prince Pierre-Napoléon Bonaparte au siége de Zaatcha, notamment dans la mémorable journée du 25 octobre, considérée par les hommes compétents comme un des plus marquants épisodes de la guerre d'Afrique. Nous l'avons vu, tour à tour, officier supérieur, plein de sang-froid et de prudence dans les manœuvres et les dispositions tactiques ; puis, donnant aux siens l'exemple du plus brillant courage, à l'heure du combat.

Nous insistons de nouveau sur cette circonstance si grave de l'engagement, pris formellement par l'administration de la guerre, d'admettre Pierre-Napoléon, avec son grade, dans un régiment français, afin de détruire l'anomalie, sans excuse, qui le qualifiait d'officier *au titre étranger*.

Le fils de Lucien Bonaparte fixa irrévocablement le jour de son départ. Certes, c'est le cœur navré qu'il allait s'éloigner des braves camarades, compagnons de ses dangers, et des chefs dont il n'avait eu qu'à se louer, à tous les points de vue. Il n'hésita pas cependant, et la voix de sa dignité blessée et de son devoir de mandataire du peuple parlant plus haut que ses regrets, il résolut de rentrer à l'Assemblée nationale. Il s'en ouvrit, avec sa franchise ordinaire, à son colonel et au général Herbillon, lorsque ce dernier le chargea, pour le gouverneur général de l'Algérie, d'une mission dont nous allons textuellement reproduire les termes officiels, et dont le but principal était d'activer l'envoi des renforts, si impatiemment attendus. Ils devaient suivre la voie de terre où, à chaque étape, se succédaient toutes sortes de périls ; et ils ne seraient point arrivés à temps à leur destination sans les mesures opportunes prises par M. le général Charon, et exécutées avec une louable exactitude.

Voici l'ordre en question, suivi d'une lettre du colonel Carbuccia, qui en est comme le corollaire :

Bivouac sous Zaatcha, 29 octobre 1849.

Mon cher colonel,

J'ai décidé que M. le commandant Bonaparte, chef de bataillon de votre régiment, se rendrait en mission près de M. le gouverneur général ; veuillez, en conséquence, prescrire à M. le commandant Bonaparte de prendre mes instructions et de se préparer à partir demain, 30 du courant, à six heures du matin, avec le convoi pour Biskra.

M. le commandant Bonaparte suivra le premier convoi, qui partira de Biskra pour Batna.

Le général commandant la division de Constantine,

HERBILLON.

De son côté, le colonel Carbuccia écrivit au prince :

D'après ma lettre, je dois vous engager à partir ce soir même, ou demain, au plus tard, *et même pour Paris directement.*

Je vous attends, après votre déjeuner.

Amitiés,

CARBUCCIA.

Son départ de Zaatcha fut fixé au 30 octobre, afin de lui laisser le temps normal d'arriver à Philippeville, d'où le bateau à vapeur d'Alger devait appareiller le 6 novembre.

Relevé du service de la tranchée le 29, — chaque date ici a son importance, — il alla, dès son retour au camp, prendre son congé du général et de son chef d'état-major, le colonel Borel.

Le but principal de la mission du commandant Bonaparte, qui était d'activer l'envoi des renforts, se trouvant accompli, il ne jugea pas utile de perdre, dans une double traversée, un temps précieux. Le vapeur d'Alger repartait pour Philippeville le 6, jour de son arrivée dans ce port ; mais un autre bateau, à destination directe de Marseille, appareillait le 8. Le prince résolut de prendre ce dernier bâtiment, et c'est dans ce sens qu'il rédigea, pour le gouverneur général, la lettre que voici. Il la fit porter, à l'instant même, par son ordonnance, avec les dépêches du général Herbillon :

Philippeville, 6 novembre 1849.

Monsieur le gouverneur général,

Les opérations devant Zaatcha paraissant devoir se

prolonger bien au delà du terme que j'avais fixé pour ma rentrée à l'Assemblée nationale, j'avais pris la résolution de retourner à mon poste, lorsque M. le général Herbillon voulut bien me confier, pour vous, la mission à laquelle se rapporte la lettre ci-jointe. Elle vous sera remise par l'ordonnance fidèle que vous attachiez à ma personne et dont je n'ai eu qu'à me louer.

L'objet principal de ma mission était d'insister sur la nécessité des renforts qui permettront à M. le général Herbillon d'exécuter le plan qu'il paraît avoir définitivement adopté, d'éviter les pertes, peut-être inutiles, d'un nouvel assaut, investir complétement la place, et la réduire par le feu de l'artillerie.

Votre prévoyance, monsieur le gouverneur, n'a pas attendu que ces renforts indispensables vous fussent demandés ; je les ai rencontrés en route. M. le général de Salles m'a assuré que M. le colonel Canrobert se rendrait à Zaatcha, ce qui portera les renforts à plus de 3,000 hommes. M. le général Herbillon n'en demandait pas davantage. Le but principal de ma mission se trouvant donc naturellement rempli, j'ai pris la résolution de retourner directement en France pour éviter une double traversée, et, surtout, pour être plus tôt à l'Assemblée, où, d'après les dernières nouvelles, certains hommes dont, pour mon compte, je me suis toujours méfié, paraissent vouloir créer de graves complications.

Je ne vous cacherai pas, monsieur le gouverneur, que ce qui contribue aussi à mon prompt retour en

France, est l'absence de tout ordre convenable, de la part de M. le ministre de la guerre ; et vraiment, je ne puis supporter que des gens qui jamais n'eussent été ministres, sans le vote du 10 décembre, fassent si bon marché de ceux qui portent mon nom.

Vous aurez reçu, sur le combat du 25, les rapports officiels, et il ne me reste, monsieur le gouverneur général, qu'à vous exprimer le regret que j'éprouve de ne pas avoir l'honneur de renouveler connaissance avec vous, et de vous remercier encore, de vive voix, de l'aimable accueil que vous avez bien voulu me faire à Alger.

Veuillez agréer, etc.

PIERRE-NAPOLÉON BONAPARTE.

La réponse du gouverneur général ne se fit pas attendre, et — nous engageons le lecteur à bien peser cette circonstance — au lieu de contenir le moindre blâme, elle était conçue dans les termes les plus affectueux et les plus honorables. Ce détail seul suffirait pour renverser l'échafaudage des calomniateurs ; mais l'esprit de parti, quand il n'est pas aveugle, ferme, volontairement, les yeux à l'évidence.

Il est positif qu'un représentant, qui avait accepté une mission gouvernementale, restait, rigoureusement, libre de l'exercer ou d'y renoncer. Les variations possibles de l'atmosphère politique faisaient de cette indépendance des élus du peuple une impérieuse nécessité. On pourrait, depuis l'avénement du pouvoir parlementaire jusqu'à nos jours, citer de nombreux exemples de députés qui avaient accepté des fonctions, sous un ministère d'accord avec leur religion politique, et qui s'empressaient de les résilier quand survenait un cabinet dont les membres n'étaient pas de leur paroisse.

Après les événements de décembre 1851, Pierre-Napoléon quitta le continent, pour aller s'établir aux environs de Calvi, dans la vallée de Luzzobeo. Il y acheta une propriété, y bâtit une maison, et ce terrain, jusqu'alors inculte, désert, couvert de broussailles, se transforma comme par enchantement. Depuis six ans, il n'habite plus ce pays.

En 1852, une occasion se présenta aux électeurs de la Balagne de donner à Pierre-Napoléon une preuve de plus de leur sympathique dévouement. Porté comme candidat au renouvellement du conseil général, il fut élu par cinq cantons (1). L'ancien représentant de notre île devait s'attendre à cet hommage populaire, mais il n'en fut pas moins profondément ému. Il est bien plus fier, — nous le lui avons entendu dire plus d'une fois, — de son origine corse que de son titre de prince.

Les plaisirs efféminés des lions du boulevard des Italiens ne peuvent être du goût des hommes de sa trempe. Il est, enfin, Corse par la race, le goût, le tempérament, les convictions.

_____

(1) Le prince est encore conseiller général pour le canton de Calenzana.

Le prince possède une charmante résidence aux
Epioux (Belgique), où il passe une partie de l'année.

———

# CONCLUSION

Prenez Pierre-Napoléon Bonaparte au berceau ;
suivez-le jusqu'à nos jours, et, sans tenir compte de
quelque effervescence de jeunesse, vous acquerrez la
certitude que son caractère n'a jamais varié.

Élevé sous les yeux d'un père dont le nom est, dans
l'histoire, synonyme de probité, d'honneur, de courage, de désintéressement et de patriotisme, il n'a
pas perdu un instant le sentiment de son illustre
origine.

Confié à des maîtres intelligents et érudits, il a reçu
une instruction solide.

Surveillé, comme les autres princes de sa famille,
par toutes les polices de l'Europe, il n'en répondit pas
moins à l'appel de la jeune Italie, sous le drapeau de
laquelle il se rangea d'enthousiasme. Encore dans

l'adolescence, son sang généreux jaillit sous les coups des séides du despotisme.

Une existence douce, heureuse, tranquille, des honneurs même lui étaient assurés, s'il avait consenti à renier sa foi politique. Bien qu'une foule de personnages, placés dans les hautes régions de la société, lui eussent montré la route de l'apostasie, il préféra prendre le chemin de l'exil.

Pendant son séjour dans le Nouveau-Monde, il offrit son épée à une des jeunes républiques qui avaient secoué le joug espagnol, et son aptitude militaire, non moins que l'influence irrésistible de son nom, lui gagnèrent la sympathie de tous, dans le pays libre qui l'avait accueilli.

Aussitôt que la révolution de 1848 ouvrit aux proscrits de 1815 les portes de la France, il accourut prendre sa place au poste avancé, d'où il brava tous les dangers.

Envoyé à l'Assemblée nationale par deux départements, il accepta le mandat de la Corse et sut s'en rendre digne.

On a pu lui reprocher un regrettable incident dont nous n'avons pas parlé : l'affaire Gastier. Sans même faire une part trop large à l'impétuosité de sa nature, et sans parler des injures adressées à celui qui était devenu le chef de sa famille, les torts furent loin d'être de son côté.

Pendant son séjour à l'armée d'Afrique, où il subit une mystification, sur laquelle nous n'insisterons pas avantage, il donna des preuves incontestables de ses qualités militaires, comme officier supérieur, et comme soldat intrépide, pendant l'action.

Depuis, le prince Pierre-Napoléon est resté à l'écart, sans se plaindre de son éloignement des affaires publiques. Le langage des cours ne lui est pas familier, et s'il se montre bravement, à l'heure, à l'apparence même du danger, on ne le voit jamais où les hommes de son rang ne doivent point faire antichambre.

Son ambition se serait bornée à l'obtention d'un commandement, dans l'exercice duquel il aurait pu servir la patrie, surtout en temps de guerre.

Que son vœu ait été ou non une illusion, il n'en restera pas moins, — nous avons pu lire dans son cœur, — prêt à verser son sang pour la France, pour l'Empereur, pour l'auguste héritier du trône, et pour sa famille.

# CATALOGUE

DES OUVRAGES PUBLIÉS

## PAR LE PRINCE PIERRE-NAPOLÉON BONAPARTE

— La Rosa di Castro.

— Le *Nabucco* de Niccolini.

— *Sampiero*, légende corse (en vers français et italiens).

— Le capitaine Moneglia à Solférino.

— Miechow, ou les enfants au bout de la baïonnette.

— La bataille de Calenzana.

— Réponse d'un ancien troupier à la lettre du duc d'Aumale adressée au prince Napoléon.

— *L'Italiana*, chant national.

— *Estemporanei.*

— La Houssarade.

— La compagne du proscrit.

— *La rassegna dei morti.*

— Le chant de guerre des Corses.

— La préface de l'histoire de Jules César.

— A la mort du jeune prince Antoine de Hohenzollern-Sigmaringen.

— *In morte del capitaine Marcaggi* (vocero).

— Hypothèse d'une campagne sur le Rhin. (Cet ouvrage d'art militaire se composera de plusieurs volumes.)

— Le maniement de l'épée réduit à sa plus simple expression utile.

# CATALOGUE

DES POÉSIES INÉDITES

DU PRINCE PIERRE-NAPOLÉON BONAPARTE

— Le chasseur corse.
— Toast à mes convives, les colonels Laborde et Jermonowski.
— Impromptu. — A des Corses partant pour l'Italie.
— A Messieurs les membres du gouvernement provisoire de la République, en 1848.
— Calvi. — Sonetto.
— Castellane ci onora! — Sonetto.
- La voce dei Corsi.
— Ussarata.
— Respect aux traités!
- La caccia a Citera.
— Zitella montanina.
— Vittorio-Emmanuele e Garibaldi.
— Il cacciator corso.
— Estemporanei. — Nel libro della locanda de' Vecchi.
— Epigrafi delle bellissime litografie di Lassalle : la Libertà e il *Vengeur*.
— L'origine des *Châtiments*, de Victor Hugo.
— *Stupidus in omnia*. — Diatribe.
— Chant des serfs de la glèbe.
— Le rondeau des braconniers.

— In morte di Cavour. — Sonetto.

— A madame Emma Sari.

— A madame Louise Colet.

— A Napoléon III.

— A mon fusil.

— A messieurs les membres du Grand-Orient.

— *Audentes fortuna juvat.*

— A monsieur le commandant Sari.

— Garibaldi à Varignan.

— Jermonowski et R... — Poëme en deux chants.

— A l'occasion de la mort de Verhaegen, ancien président de la chambre des représentants, en Belgique. — Sonnet.

— La chanson du papa.

— Le 14 septembre 1860.

— Le cousin Pierre.

— Toujours proscrit.

Lardons électoraux.

— Le veto impérial.

— Deux candidats napoléoniens dans Seine-et-Oise.

— Pierre de touche.

— Léon Plater. — Sonnet.

— A monsieur Lucien Jottrand.

— A Lamartine. — Sonnet.

— Pasquinata.

— Solution de la question du Schleswig-Holstein.

— A Roma.

— Brindisi estemporaneo.

— Dans l'album de madame Henri B.....

— Mysanthropie d'un cynophile.

— La rosette.

— Au général Renault.

— De méchants avocats. — Sonnet.

— Aux Belges.

— A Lamartine. Avec un sanglier.

— Lettre en réponse à M. Nicolas Martin.

- Le testament d'un Gaulois.
- Tacamburo.
- Al prefetto della Corsica. — Sonetto.
- La rassegna di Castro.
- La cause des vents.
- Al presidente della Republica francese.
- Madame d'Orléans.
- A une princesse.
- Madame C...
- Contrafattura delle *Voce dei Corsi*.
- Déclaration à Catarina.
- Villafranca.
- Un pas de clerc.
- La gloire et la liberté.
- Estemporanci in proposito di certa pastorale del Vescovo Casanelli.
- *Stalbatojo* corso.
- La corde de pendu.
- Un duc.
- Aspromonte. — Sonnet.
- Braccini, maire d'Ajaccio.
- Palinodia. — Sonetto.
- La *farandola* di Campile e della Porta
- Précepte d'hygiène.
- Altra zannata d'un cignale.
- La revue du 23 juin.
- Le retour de Compiègne.
- Un sénateur.
- Miss XXX.
- Mot du prince impérial.
- Un préfet.
- L'ambasciatrice. — Sonetto burlesco.
- A Rogeart.
- Mané, Técel, Pharès. — Sonnet.
- Lettre de Roland à Ducoux.
- Sapeur.

## OUVRAGES EN PROSE INÉDITS.

— Nouveau système de chevaux de frise portatifs, disposition contre la cavalerie.
— Essai sur l'attaque et la défense des villes, abstraction faite de leurs fortifications.
— Analyse mathématique de l'ordonnance du 4 mars 1831, sur l'exercice et les manœuvres de l'infanterie.
— Un chapitre de la vie d'un jeune proscrit.
— Souvenirs, traditions, révélations, 1er volume.
— La cession de la Louisiane ; le mariage de la reine d'Étrurie ; l'entrevue de Mantoue ; entretiens de Lucien Bonaparte avec Napoléon, suivis d'une ode inédite de Lucien, intitulée : « Le 18 brumaire. »
— Saggio di nozioni elementari di tattica e di strategia, ad uso dei giovini militi italiani.
— Souvenirs de Colombie.

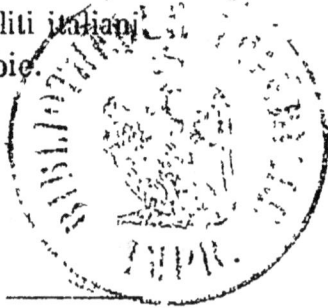

Paris Imp PAUL DUPONT, 41, rue Jean Jacque Rousseau